소년, 지구별을 보다

· 사진을 찍은 얀 아르튀스 베르트랑과 알티튀드 에이전시 소속 사진 작가들은 세계적으로 손꼽히는 항공사진 작가입니다.
  알티튀드 에이전시는 1990년 얀 아르튀스 베르트랑이 만든 사진 회사입니다.
  알티튀드에서는 전 세계 항공사진 전문가 90명이 찍은 사진들을 모아 멋진 책을 펴내고 있습니다.
· 글을 쓴 알랭 세르는 80여 편의 아름답고 재미있는 동화와 시집을 낸 작가입니다.
· 그림을 그린 자위는 40년 동안 어린이책을 비롯해 다양한 광고와 신문, 잡지에 그림을 그려 왔습니다.
· 우리말로 옮긴 윤미연은 부산대학교 불어불문학과와 같은 대학 대학원을 졸업하고 프랑스 캉 대학에서 공부했습니다.
  현재 전문번역가로 활동하고 있으며 『구해줘』 『색깔 전쟁』 『세상에서 가장 작은 동물원』 등을 우리말로 옮겼습니다.

JE SERAI LES YEUX DE LA TERRE
by ALTITUDE, ALAIN SERRES, ZAÜ © Rue du monde, 2007

Korean translation copyright © Munhakdongne, 2010

This Korean edition was published by arrangement with Rue du monde
through Sibylle Books Literary Agency, Seoul.

이 책의 한국어판 저작권은 시빌에이전시를 통해 프랑스 Rue du monde 사와 독점 계약한 문학동네에 있습니다.
저작권법에 의해 한국 내에서 보호를 받는 저작물이므로 무단 전재 및 무단 복제를 금합니다.

소년, 지구별을 보다

1판 1쇄 2010년 4월 30일   1판 11쇄 2023년 2월 27일
사진 얀 아르튀스 베르트랑 외(알티튀드 에이전시)   글 알랭 세르   그림 자위   옮긴이 윤미연
편집 이정원 최윤미   디자인 김선미   마케팅 정민호 이숙재 김도윤 한민아 이민경 안남영 김수현 왕지경 황승현 김혜원
브랜딩 함유지 함근아 박민재 김희숙 고보미 정승민   저작권 박지영 형소진 이영은   제작 강신은 김동욱 임현식   제작처 더블비(인쇄) 신안제책사(제본)
펴낸곳 (주)문학동네   펴낸이 김소영   출판등록 1993년 10월 22일 제2003-000045호   주소 10881 경기도 파주시 회동길 210   전자우편 kids@munhak.com
홈페이지 www.munhak.com   카페 cafe.naver.com/mhdn   북클럽 bookclubmunhak.com   트위터 @kidsmunhak   인스타그램 @kidsmunhak
대표전화 (031) 955-8888   팩스 (031) 955-8855   문의전화 (031) 955-3578(마케팅) (02) 3144-3237(편집)
ISBN 978-89-546-1080-3 73860

잘못된 책은 구입하신 서점에서 교환해 드립니다. 기타 교환 문의: 031) 955-2661, 3580

■ 책에 쓰인 사진들의 저작권자는 다음과 같습니다.
  안 아르튀스 베르트랑, 요아킴 베르글룬트, 한스 블로시, 리프 부르세이에, 스테판 뒤캉다스, 제이슨 호크스, 헬렌 히스콕스, 프랑수아 주르당, 피에르 메레, 알레산드라 메니콘치, 필리프 메투아, 필립 플리슨, 길 리베, 기도 로시, 클로드 스타엘, 클로디어스 티리에, 르노 반 데어 미렌, 짐 와크, 플래닛옵저버(PlanetObserver) 위성국

어린이제품 안전특별법에 의한 기타표시사항 제품명 도서 | 제조자명 (주)문학동네 | 제조국명 한국 | 사용연령 10세 이상

항공사진과 환경 키워드로 보는 지구의 현재와 미래

소년, 지구별을 보다

얀 아르튀스 베르트랑 외 사진
알랭 세르 글 | 자위 그림 | 윤미연 옮김

문학동네

책을 시작하며
아이들의 힘을 믿습니다

하늘에서 지구를 내려다보며, 나는 이 세상 곳곳에 생명이 살아 숨 쉬고 진화가 끝없이 계속되고 있다는 사실을 알게 되었습니다. 지구에는 숲, 강, 사막, 산과 섬, 빙하, 바다가 서로 어우러져 있어요. 지구에는 우리 인간들뿐만 아니라 다른 수많은 동물들도 함께 살고 있지요. 아프리카의 소금 호수에는 분홍빛 홍학이, 북극의 빙하 지대에는 눈처럼 새하얀 곰이 살아요. 사람과 동·식물이 한데 어우러지면서 지구의 모습은 날마다 달라 보이지요. 나는 비행기나 기구를 타고 여행할 때마다 항상 하늘을 처음 나는 것 같은 기분을 느낀답니다. 살아 숨 쉬는 온갖 놀라운 생명체들이 나를 끊임없이 감동시키니까요.

지구라는 별에 살고 있는 수많은 생명체들 가운데 오직 인간만이 의식을 가지고 행동할 수 있어요. 인간들은 자신의 미래, 나아가 지구의 미래를 선택하고 결정합니다. 그렇기 때문에 우리는 지금부터 다음과 같은 문제를 진지하게 생각해봐야 해요. 우리 인간들은 뭔가를 아름답게 만들고 바꾸고 함께 나누는 소중한 능력을 갖고 있는 반면에, 뭔가를 더럽히고 낭비하고 파괴하는 능력도 가지고 있어요. 우리는 그동안 우리가 가진 힘을 너무 함부로 사용했습니다. 그렇다면 우리는 하나뿐인 보물이자 소중한 재산인 이 지구를 어떻게 대해야 할까요?

하늘에서 찍은 사진과 붓으로 그린 그림에 아이들의 눈높이에 맞춘 이야기를 더해 이 책에 담았습니다. 나는 모든 사람들, 특히 우리의 어린 친구들이 이 책을 읽고 혼자 곰곰이 생각해보고, 자신의 의견을 다른 사람들에게 이야기하고, 무엇보다 자신의 생각을 행동으로 옮기기를 간절히 바랍니다. 인류가 지금까지 그래왔던 것처럼 앞으로도 계속 바른 길을 향해 나아갈 수 있도록 우리 모두가 힘을 모아 노력해야 하니까요.

아이들에게 무슨 힘이 있냐고 말하는 사람들도 있을지 모르겠군요. 물론, 아이들이 어른들을 바른 길로 이끌어나갈 수는 없겠지요! 그렇지만 아이들은 뭔가 위급함을 알려야 한다고 생각하면 주저없이 큰 소리로 힘껏 외치면서 어른들에게 위험을 알릴 수 있어요. 나는 알고 있습니다. 아이들이라면 위험에 처한 한 마리 새를 구하기 위해 불가능해 보이는 일도 용감하게 해낼 수 있다는 것을 말이지요. 지금 우리의 지구가 위기에 놓여 있습니다. 이 세상의 어린 지구인들 중에서 이런 지구를 보고도 모른척할 친구들은 한 명도 없을 것입니다! 눈앞에 그런 지구를 두고 어떻게 침묵할 수 있겠어요!

얀 아르튀스 베르트랑(사진 작가, 알티튀드 에이전시 창립자)

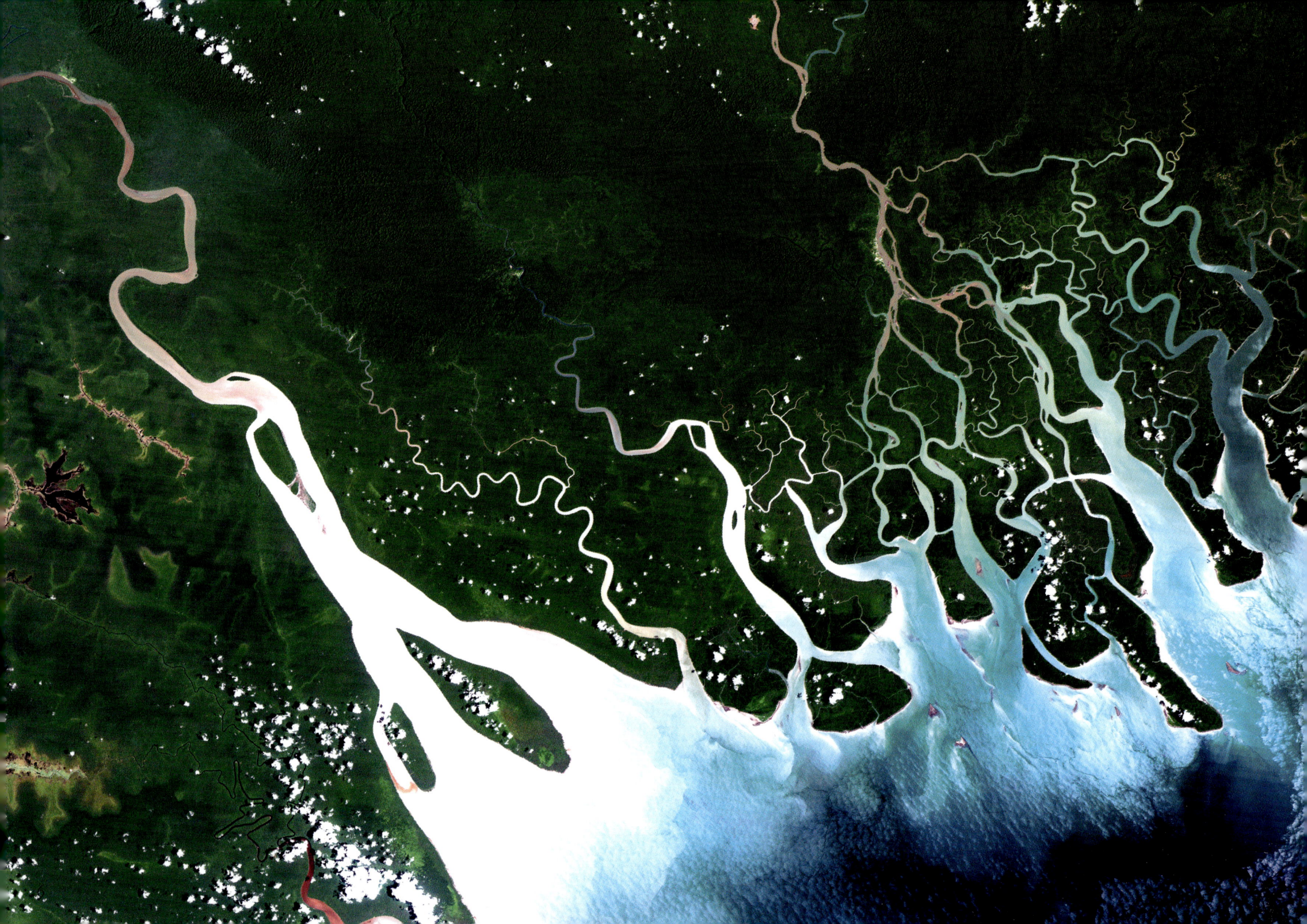

식물의 가는 손가락과 물줄기가

나의 아늑한 보금자리를 엮어줄 거예요.

나에겐 식물을 먹고 물을 마실 권리가 있어요.

나는 언제나 환경 친화적 개발에 대해 생각하고 있으니까요.

한 손에는 땅에 뿌릴 씨앗을, 다른 한 손에는 그 씨앗에 줄 물을 들고

나는 한 걸음씩 나아갈 거예요.

나는 깨끗하고 조용하게 지나가는 손님,
지구의 공기보다 더 가볍게 머물다 갈 거예요.

※ '대기'를 찾아보세요.

나무는 맛있는 열매를 내주고, 바람을 막아주고, 땅을 기름지게 합니다.
흙을 단단하게 다지고, 공기를 깨끗이 하지요.
나무는 내가 잘 모르는 동물들의 냄새와 꽃향기도 간직하고 있어요.
그런데도 더 많은 즐거움을 못 줘서 미안하다는 듯, 언제나 겸손하게 내 꿈을 지켜줍니다.
지금 내가 기대어 쉬고 있는 이 나무는 아마 만 번의 밤도 전에 누군가가 심었겠지요.

연못가에서 개구리가 잠자리를 보고 있어요. 물속에는 물고기가 플랑크톤을 보고 있지요.

물론 플랑크톤은 우리 눈에 보이지 않아요. 너무 작아 현미경 없이는 볼 수 없으니까요.

보이지 않지만 플랑크톤은 생태계에서 아주 중요한 역할을 하고 있답니다.

혹시라도 이곳을 지나간다면, 이 균형 잡힌 관계를 깨뜨리지 마세요.

가만히 바라만 보세요. 그러면 자연도 여러분을 지켜줄 거예요.

메가폴리스라 부르는 거대한 도시 사람들은 어떻게 살아갈까요? 깨끗한 공기를 마시며 살아갈까요? 1,000명의 사람들은 10명보다 공기를 100배 더 오염시켜요. 그렇다면 도쿄에 사는 3천 5백만 명의 사람들, 멕시코시티에 사는 2천 5백만 명의 사람들, 서울에 사는 2천 3백만 명의 사람들은 공기를 얼마나 오염시킬까요? 그보다 훨씬 큰 메갈로폴리스에 사는 사람들은요? 이 문제는 쉽지 않지만 반드시 풀어야 해요.

바다에 떠 있는 커다란 빙산들이 점점 더 멀리 떠내려가고 있어요.
빙하들이 녹아내리고 전 세계 강물이 바다로 흘러들고 있어요.
그래서 해수면이 점점 더 높아지고 있습니다.
왜 이런 일이 일어나는 걸까요?
나는 그 이유를 꼭 알아낼 거예요.

인간의 활동이 대기 성분을 바꿔놓으면서
기후온난화를 일으키고 있어요.
따뜻해지면서 지구가 점점 온실처럼 변해가는 거지요.
왜 이런 일이 일어나는 걸까요?
나는 포기하지 않고 그 이유를 꼭 알아낼 거예요.

대기 바깥쪽에는 얇은 막과 같은 오존층이
자외선을 흡수해 우리를 보호해주고 있어요.
하지만 인간들이 만들어내는 가스가
이 소중한 보호막을 파괴하고 있어요.
왜 이런 일이 일어나는 걸까요?
나는 그 이유를 밝혀 지구를
건강하게 지키는 방법을 알아낼 거예요.

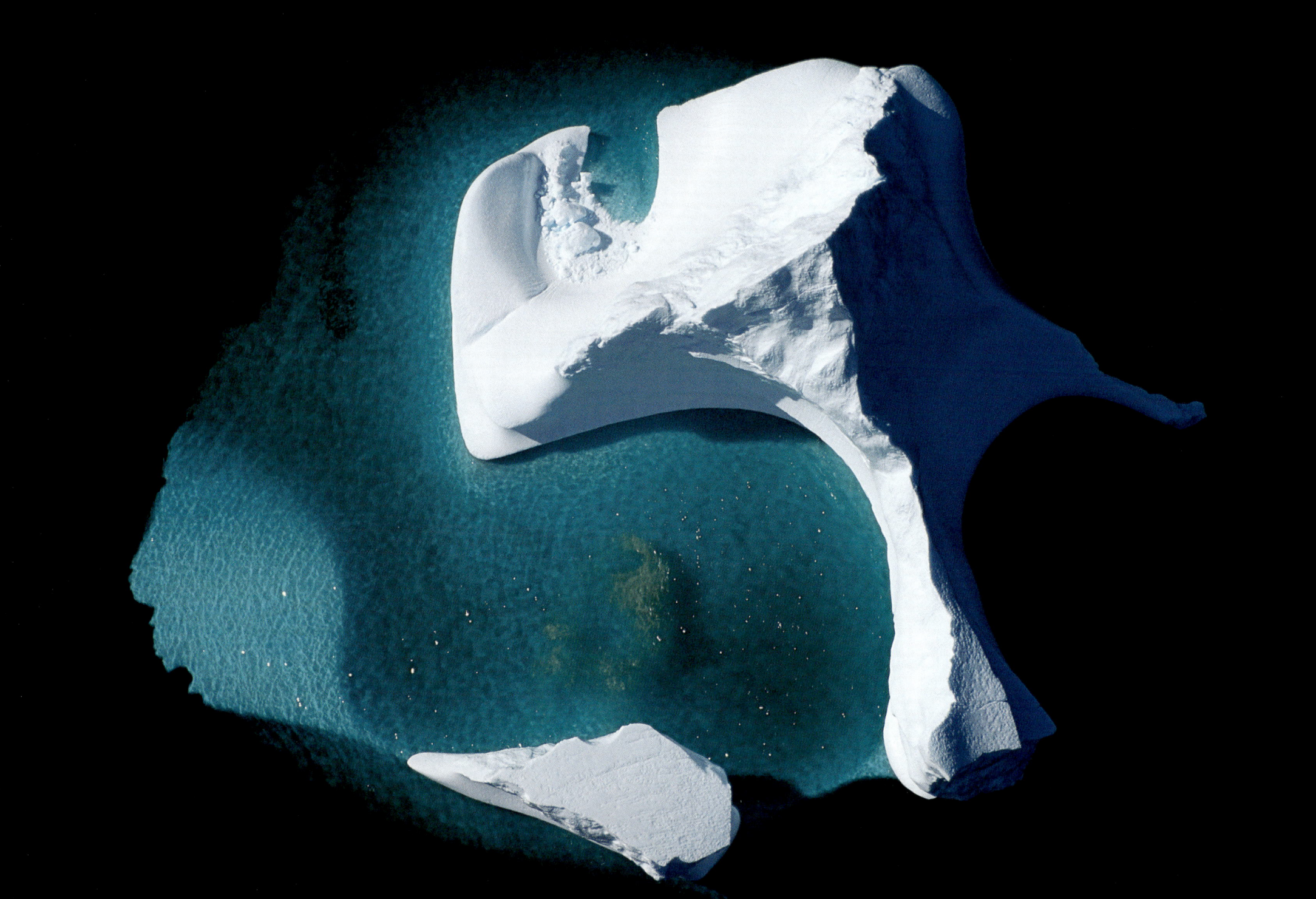

태어나는 사람들이 죽는 사람들보다 더 많으면 인구가 늘어나지요. 그걸 **인구성장**이라고 해요. 갑자기 인구가 불어나면, 사람들은 더 살기 힘들어지고 지구의 미래는 더욱 어두워질 거예요. 21세기가 끝날 무렵에는 세계 인구가 100억 명이 넘을 거래요. 새로 태어날 아이들이 마음껏 뛰놀며 자랄 수 있는 환경을 지금부터 마련해놓지 않으면, 그 아이들은 지구에서 살아가기 힘들 거예요.

우리가 미처 모르는, 물에 관한 솔직한 이야기를 들려줄게요. 지구에서 네 가족 중 한 가족은 **깨끗한 물을** 마시지 못해요. 그래서 15억 명이나 되는 사람들이 어쩔 수 없이 더러운 물을 마시고 있어요. 위험하다는 걸 알지만 안 그러면 그 전에 목이 말라 죽을 수밖에 없으니까요.

* '식수'를 찾아보세요.

나는 도저히 이해할 수 없어요.
지구에는 이 세상 모든 사람들이 먹고도 남을 만큼
풍부한 먹을거리가 있대요.
그런데도 날마다 3만 5천 명의 아이들이
영양실조나 굶주림으로 죽어가고 있어요.
비타민이 부족해서, 함께 살아간다는 공동체의식이 부족해서
일어나는 이런 일들을 나는 도저히 이해할 수 없어요.

한 지역에서 집약농업을 하면 생산량은 늘어나지만, 물과 화학비료와 석유 소비도 함께 늘어나요. 식량이 부족한 곳에서는, 담배나 커피처럼 잘사는 나라 사람들이 즐기기 위한 작물을 키우기보다는 그곳 사람들을 위한 식량농업을 해야 해요. 사람들의 불편을 덜어주는 기술과 땅의 부담을 덜어주는 기술이 서로 조화를 이루며 함께 발전해나가야 모두가 행복해지는 거예요.

태양과 동물들이 나란히 마른 풀숲에 누워 잠이 드는 저녁이면, 문득 여러 가지 의문들이 떠올라요. 우리 마을 사람들은 마실 물과 식량이 없어 굶주리고 있는데, 바다 건너 커다란 목장에서는 수천 마리의 동물들에게 엄청난 식량과 물을 주고 있어요. 그게 과연 옳은 일일까요? 그리고 그 가축들을 통해 얻은 열량이 사람들에게 고르게 가려면 어떻게 해야 할까요? 오늘 밤, 캄캄한 어둠이 풀숲을 촉촉하게 적실까요?

사람들이 지구의 기온을 높일수록,
땅은 더 메마르고 황폐해져요.
물기 없이 바짝 마른 지역의 흙에는
식물이 자라는 데 꼭 필요한 영양분이 없어요.
그런 곳들은 점차 사막으로 변해가지요.
이러한 사막화 현상을 피해 다른 곳으로 옮겨가
살아야 하는 사람들을 환경난민이라고 해요.
사람들이 자연을 친구가 아닌 적으로 만들었기 때문에
이런 환경 전쟁의 피난민들이 생겨나는 거예요.
나는 정말로 모래알이 되고 싶어요.
물방울을 완전히 말려버리려는 게 아니에요.
아무것도 살 수 없는 사막을 계속 만들어내는
무자비한 기계들을 멈추고 싶어서예요.

나는 강물과 시냇물로 온몸을 감쌀 거예요. 강물이 되어 투명한 물의 언어로 말할 거예요.
나는 지구의 모든 곳에 물을 댈 거예요.
하지만 산성비 때문에 나의 맑은 눈이 흐려지지 않도록 조심해야 해요.

나는 살충제를 뿌리지 않은 땅에서 개미들이 강 흐르듯 길게 줄지어가는 모습을, 세제로 오염되지 않은 맑고 깨끗한 개울물이 조용히 흐르는 모습을 보고 싶어요.

※ '농약'을 찾아보세요.

순식간에 번지는 전염병처럼, 산성비가 지구를 적셔요. 나는 오염되지 않은 곳을 찾아가 자연에서 절로 새콤달콤하게 익은 과일들을 딸 거예요. 과즙에 물든 내 손가락이 나무 가시에 찔릴 수도 있겠지요! 하지만 내 핏방울은 곧바로 탐스러운 산딸기가 될 거예요.

나는 아무 걱정 없이 편안하게
숨 쉬고 싶어요.

※ '호흡'을 찾아보세요.

사람들이 더 올바른 방법으로 환경을 생각하지 않은 채
단지 더 크고 더 비싸고 더 많은 걸 얻기 위해 지구를 개발해간다면
우리 지구는 어떻게 될까요?
나는요, 내 모자 꼭대기보다 더 높게는 모래성을 쌓지 않을 거예요.
높이 쌓기보다는 모래성을 더욱 아름답게 만들겠어요.

가난한 사람들이 사는 허름한 판자촌에서,
빈민가의 비좁은 골목길에서, 누군가 인간은 모두
집다운 집에서 살 권리가 있다고 말하더라도
아무도 분노하지 않는 세상이 올 거예요.
그날은 과연 언제 올까요?

※ '주거권'을 찾아보세요.

사람들이 조상 대대로 내려오는 추위와 더위에 관한 노래를 따라 부르지 않으면,
기후는 즉시 공기와 물이 부르는 노래를 엉망으로 만들어버려요.
모든 것이 엉터리로 노래하기 시작하지요. 홍수, 태풍, 폭풍우, 해일, 가뭄…….
두려움에 떠는 동물들에겐 책임이 없어요. 아무것도 몰랐으니까요. 하지만 인간들은 어떨까요?

나는 도시의 온갖 쓰레기들이 산더미처럼 쌓여 있는
쓰레기장의 감독관이 되겠어요.
굶주린 사람들이 쓰레기를 뒤져 간신히 목숨을 잇는 곳이 아니라,
폐기물을 처리하고 재활용하는 작업장으로 만들 거예요.
그곳에서 가난한 사람들이 일할 수 있도록 할 거예요.
도시를 행복하고 아름답게 만들 수 있도록 말이에요.

나는 멀리 여행을 떠나요.
지구 반대편에 있는 강을 향해 나아가요.
쌀이나 전기를 구하기 위해,
또는 남몰래 다른 나라로 불법이민을 가기 위해
모든 걸 버리고 위험을 무릅쓰며 떠나려는 게 아니에요.
나는 넓은 세상을 다니며 사진을 찍고,
다른 사람들이 어떻게 사는지 모두에게 들려주기 위해 떠날 거예요.

아이들은 꿈을 꿉니다.
하지만 노동은 아이들에게서 그 꿈과 교육의 기회를 빼앗고, 건강을 해쳐요.
게다가 엄마 아빠와 떨어져 지내면서 양심의 가책도 모르는 잔인한 사람들에게 복종해야 해요.
일만 하는 아이들의 하루하루는 달도 없이 캄캄하게 이어지는 밤이나 다름없어요.

＊'아동 노동 착취'를 찾아보세요.

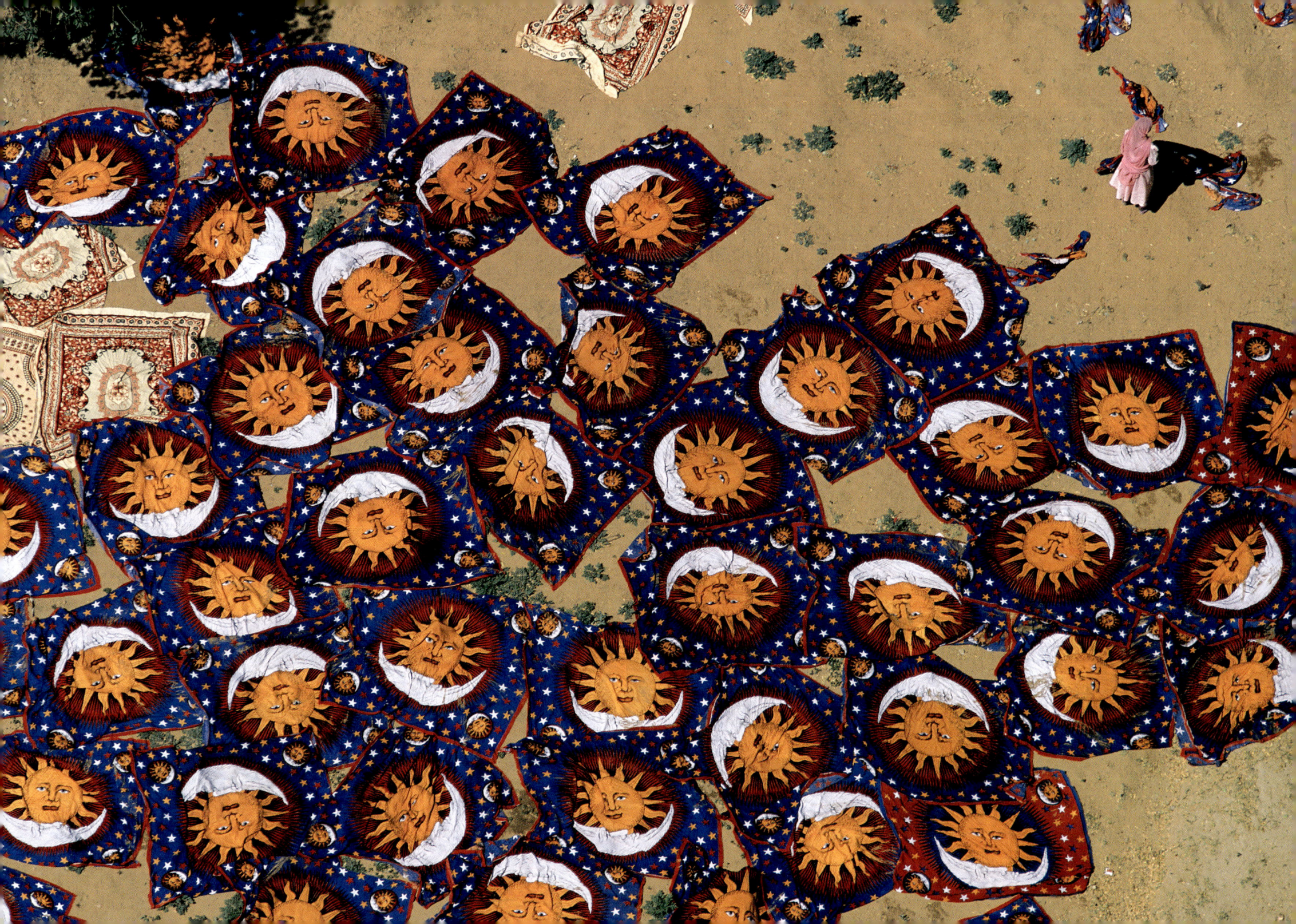

배움에는 조건이 없어요.
여자아이라고 해서 그걸 이유로
학교에 다니지 못하게 할 수 없어요.
누구도 **교육**의 기회를 뺏을 수 없어요.

나는 평등을 사랑해요. 아무도 나와 다르지 않아요. 나는 내 여동생에게, 또 다른 누군가에게 평등에 대해 알려줄 거예요. 아무도 날 막을 수 없어요.

나는 멋진 옷을 지을 거예요. 은행에서 돈을 아주 조금만 빌려준다면, 만약 마이크로크레디트(소액대출)가 가능하다면, 나는 황금색 천도 살 거예요. 아이를 낳으면 그 아이를 위해 아름다운 색깔들을 한데 섞어, 이 세상 어디서도 본 적 없는 멋진 옷을 만들어줄 거예요.

상인, 농부, 소비자들과 아주 멀리 떨어진 곳에서 세계무역기구(WTO)는 비용을 계산하고, 가격을 결정하고, 무역 중에 문제가 생기면 재빨리 조사해서 공평하게 해결해준대요. 하지만 잘사는 나라들이 모든 것을 결정하는 이 기구에서 정말로 모든 문제를 공평하게 해결해줄까요? 사과를 똑같이 잘라 아이들에게 나눠주는 엄마처럼 말이에요.

그물로 은빛 물고기 두 마리를 건져 올리면,
한 마리는 우리 마을 아이들과 그 가족들에게 줄 거예요.
그리고 나머지 한 마리는 상인들에게 가져가,
우리 마을에서는 자라지 않는 과일과 맞바꾸겠어요.
우리의 거래는 공정해요. 우리는 똑같이 미소 지을 거예요.

*'공정무역'을 찾아보세요.

전 세계 가난한 나라들이 진 부채는 2조 달러나 된대요. 대추야자 열매를 가득 담은 커다란 들통보다 훨씬 더 무거운 그 빚을 갚으라며 부자 나라들은 가난한 나라들에게 또다시 돈을 빌려주지요. 그러면 가난한 나라들은 전보다 훨씬 더 비싼 이자를 물며 그 돈을 갚아야 해요.

※ '국가부채'와 '개발도상국'을 찾아보세요.

나는 돈을 꼭 필요한 데 쓰고 싶어요.
사람들은 너무 많은 돈을 들여 전투기와 폭탄을 사들이고,
아이들을 데려다 소년병으로 만들지요. 하지만 나는 장사꾼들을 피해,
전쟁터에서 들려오는 시끄러운 소리를 피해 멀리 달아날 거예요.
홍역에 걸린 아이들에게는 무료 진료소를, 에이즈에 걸린 아이들에게는 약을,
소년병들에게는 그림 그릴 종이를, 이름 없는 아이들에게는 연필을 사줄 거예요.
그리고 아이들에게 '조용한 평화'라는 단어를 가르쳐줄 거예요.

※ '과잉군비'를 찾아보세요.

나는 촉촉하게 물기를 머금은 커다란 나무의
그림자가 되겠어요. 나무가 아파하면 나도 아프겠지요.
나무가 하늘을 향해 활짝 피어오르면
나도 그림자를 땅 위로 넓게 드리울 거예요.
숲을 파괴하려는 유령들이 나의 나무로 다가오면
나는 그 유령들을 용서하지 않고 삼켜버릴 거예요.

※ '삼림파괴'를 찾아보세요.

나는 커다랗고 푸른 물고기의 눈이 되겠어요.
슬퍼 울기보다는 물고기의 눈이 되어 지켜보겠어요.
물고기를 마구 잡아 올리는 사람들을,
물고기를 필요한 양보다 더 많이
낚아올리는 욕심꾸러기들을,
그러다 끝내 바다를 고동치게
하는 거대한 푸른 심장마저
낚아버리는 사람들을.

※ '과잉어획'을 찾아보세요.

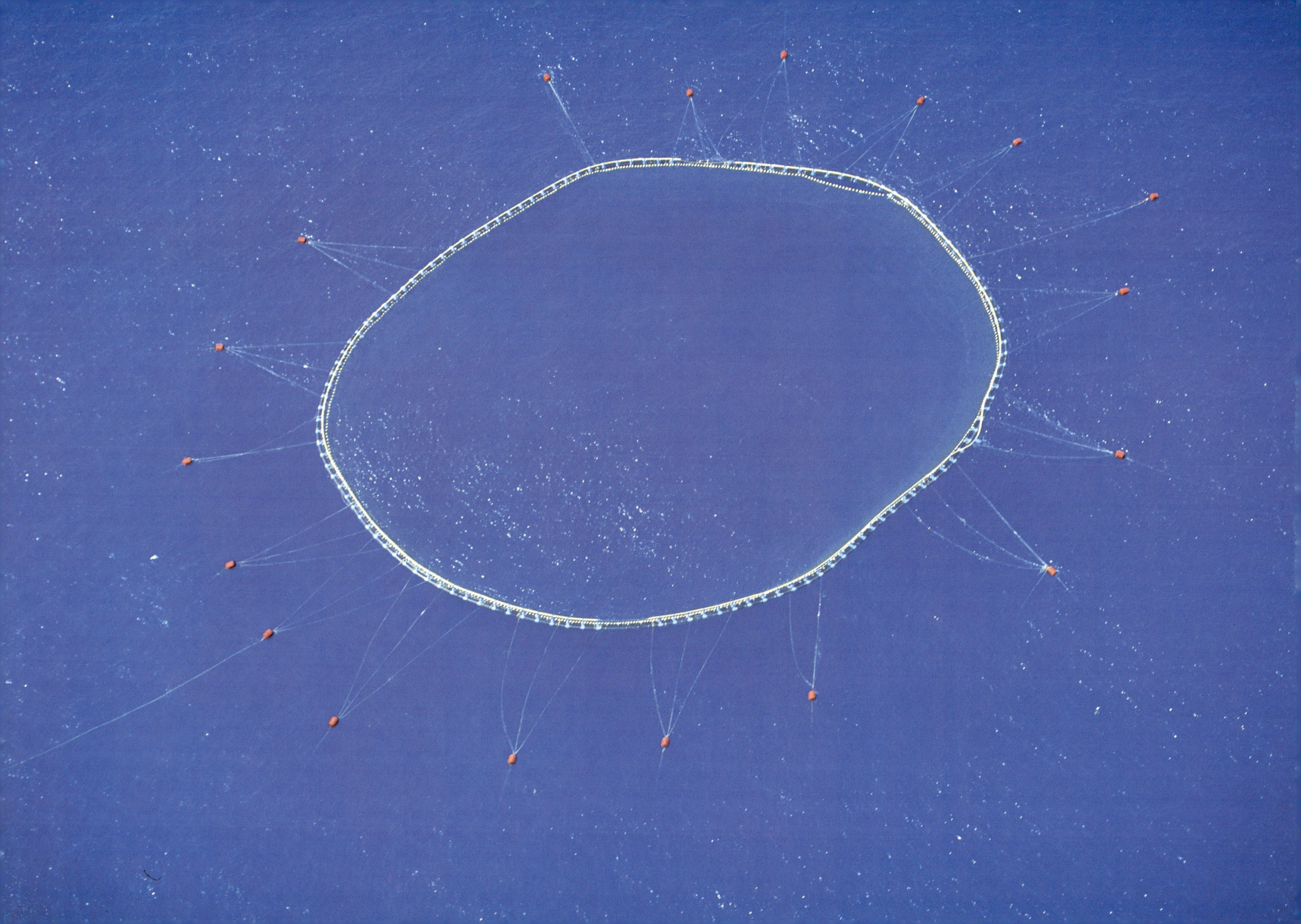

나는 작은 연장을 들고 동전만 한 구멍이 여기저기 뚫린
낡고 녹슬고 고약한 냄새를 풍기는 유조선들을 모조리 분해해버리겠어요.
그리고 그 조각들을 잉크처럼 새까만 어둠 속에 녹여버리겠어요.
새벽이 오면 바닷가는 다시 날갯짓을 하겠지요.
물거품은 물의 깃털이 될 거예요.
나는 **검은 바다**를 만든 해양 오염 사고들을 빠짐없이 되새기면서
이 망치와 드라이버를 서랍 속에 잘 간직해둘 거예요.

지구의 환경결산 기록장에 나는 흔적을 남겨요.
내 걸음이 모래에 발자국을 남기는 것처럼 내 삶의 방식은
환경에 **생태발자국**을 남기지요. 붉은 나무로 만든 나의 멋진
의자는 먼 나라의 아름다운 숲을 파괴해 만들었어요.
지구 반대편에서 내가 사는 곳까지 이 의자를 옮겨오는 데는
많은 연료가 소비됐고 그 과정에서 엄청난 **이산화탄소가**
생겨났지요. 바다는 모래 위에 남겨진 발자국들을 금세 지워
버리지만, 지구는 그 발자국들을 영원히 기억해둘 거예요.

오염물질은 바다 속에서 분해되지 않아요.
시간이 지나도 사라지지 않고 그대로 남아 있지요.
산호가 그 오염물질 때문에 죽어가고 있어요.
이제 곧 절반이 넘는 산호초가 바다에서 사라지게 된대요.
나는 물고기가 될 거예요. 그리고 왜 그런 일이 일어나는지
사람들에게 묻고 다른 이들에게도 설명하겠어요.

함께 어울려 살아가는 건 성별과 상관없이 우리 모두에게 아주 중요해요.
상황을 제대로 알고 올바르게 행동하기 위해 꼭 필요하지요.
뿐만 아니라 민주주의 법칙에 따라 올바로 분석하고, 비판하고, 항의하고,
의견을 제안하고, 토론하는 법을 배우기 위해서, 숲이 사라지고 나무 한 그루 없는 세상에서
세계시민으로 사는 법을 배우기 위해서도 반드시 다 함께 어울려 살아가야 해요.

바람은 이 세상에서 절대로 사라지지 않아요. 그래서 거인들의 팔랑개비 같은 풍력 발전기로 바람을 잡아, 영원히 쓸 수 있는 재생에너지로 만들 수 있어요. 언젠가 나는 햇빛을 전부 붙잡아둘 거울을 발명할 거예요. 그리고 나서 모터 소리가 조용하면 빗소리가 얼마나 세게 들리는지 계산해볼 거예요. 내 방 온도를 높이는 대신 내복을 입으면 화석에너지를 얼마나 절약할 수 있는지도 계산해 볼래요.

정말 기쁜 소식이 있어요. 이제 유채나 옥수수, 사탕수수 같은 농작물로 바이오 연료를 만들 수 있대요. 하지만 그런 연료를 만들려면 엄청나게 많은 에너지와 물이 들어간대요! 사람들이 먹을 것들을 자동차들에게 다 줘버리면 두 발로 걸어 다니는 사람들은 뭘 먹어야 할까요? 한 가지 문제를 해결하면, 또 다른 문제가 나타나요. 하지만 오히려 하나의 기회로 볼 수 있어요. 다시는 잘못을 저지르지 않을 수 있는 해결방법을 찾아내는 기회 말이에요.

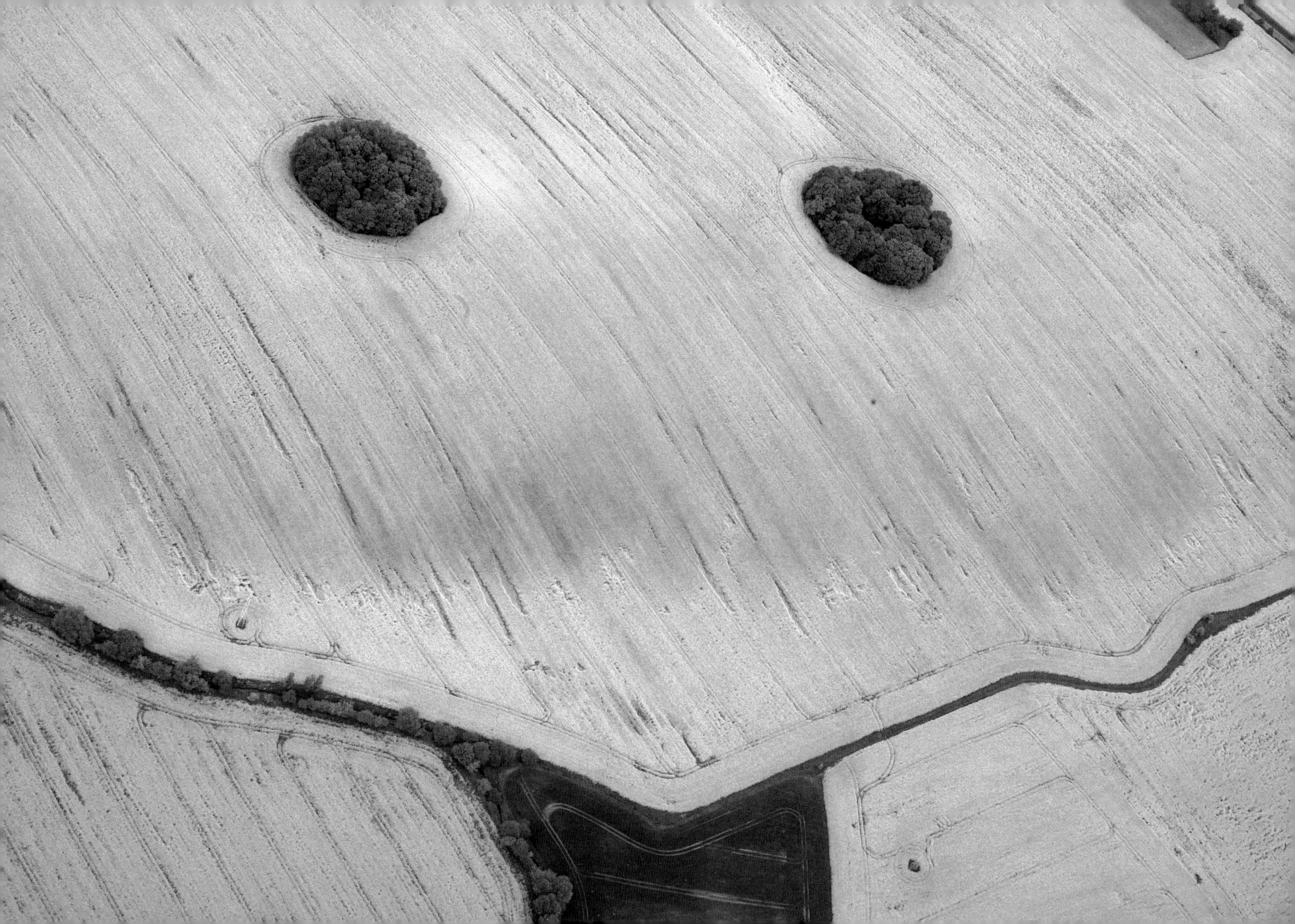

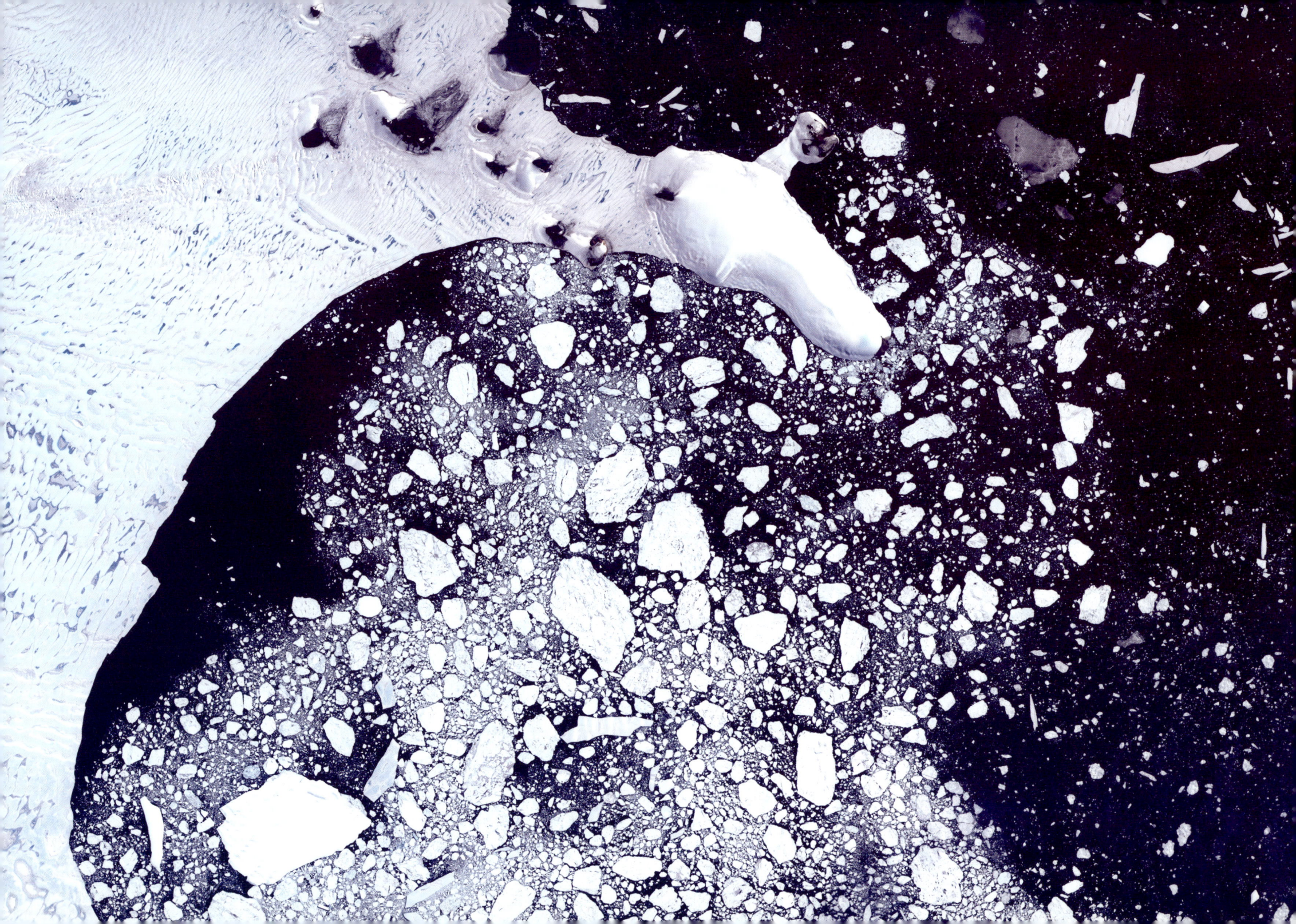

도도새나 히말라야메추라기가 멸종한 것처럼

헤르만거북이, 하마, 혹등고래, 북극곰,
다마사슴들도 다 사라질지 몰라요.
8만 종의 선인장, 난초, 개구리,
곤충, 새, 풀, 고양이과 동물들, 물고기들,
인간의 활동 때문에 위협받고 있는
그 8만 종의 동·식물들이 완전히
사라진다면…….
위협받는 생명체들의 꿈을 꿀 때마다
나는 자꾸 불안하고 두려워요.
어떻게 하면 이 느낌에서 벗어날 수 있을까요?

※ '위협종'을 찾아보세요.

못생긴 것들, 신기하고 조금은 이상해 보이는 것들,
이 모두가 어우러져 세상의 아름다움을 이루어요.
인간들에게 소용이 없어 보이는 종이라 해도
우리와 함께 살아가는 소중한 존재예요.
지구에 사는 다양한 생명체들은 서로 장벽을 쌓지도 않고,
누가 높고 누가 낮은지 계급을 따지지도 않아요.
그저 저마다의 방식대로 살아갈 뿐이지요.
다양한 생물들은 우리가 이 세상에 살아
있다는 걸 깨닫게 해줘요.

※ '생물권'을 찾아보세요.

지구에서는 온갖 생물들이
헤엄치고, 날고, 떠다니고, 울고,
먹고, 자라나고, 태어나고, 죽고,
알에서 깨어나고, 숨을 쉬고, 잠을 자요.
바로 이것이 생물다양성이랍니다.
언젠가 나는 물속에서 떨고 있는
여러 생물들의 그림자를 보았어요.
나는 그 생물 모두를 언제까지나
지키고 보호하고 싶어요.

내가 본 모든 것을 다른 사람도 깨닫게 하고 위험을
알리려면 화산과 같이 강렬한 자연의 힘이 필요해요.
물론 개양귀비꽃 같은 부드러움과 섬세함도 필요하지요.
바람이 속삭이는 소리에 귀를 기울이고,
다가올 봄을 생각하며 설레는 나는 항상 조심하며
모든 생명을 지켜보는 아이가 될 거예요.
나는 늘 지구를 지켜보는 눈이 될 거예요.

지구를 아끼며 모든 생명이 함께 살아가기 위해
우리가 기억해야 할 환경 키워드

가

가뭄 비정상적으로 건조한 날씨가 오래 이어지는 자연 현상. 지역 물 자원의 과도한 개발과 소비, 토양의 풍화, 물이 지나치게 쓰이는 식물 재배 등으로 더욱 악화될 수 있다. 물이 부족하면 야생식물과 동물뿐만 아니라 농작물까지 위기에 처하게 된다.

개발도상국 선진국에 비해 산업 근대화와 경제개발이 크게 뒤져 있는 나라들로, 제3세계, 후진국, 저개발국가 라고 부르기도 한다. 개발도상국에 해당하는 나라들의 생활수준은 매우 다양하다. 계속 발전해가는 신흥국가 들과 점점 더 살기 어려워지는 가난한 나라들이 모두 개발도상국에 해당된다. 지난 15년 동안, 세계에서 가 장 가난한 이들 나라 가운데 18개국의 경제는 오히려 퇴보한 것으로 나타났다. 현재 전 세계 아동과 청소년 중 90퍼센트가 개발도상국에서 살고 있다.

건강권 누구나 건강해야 한다는 인간의 기본적인 권리. 1789년 프랑스 인권선언문에 최초로 명시되어 있다. 치료와 간호를 받을 권리뿐만 아니라, 식수 사용과 식량, 생활위생, 노동, 질병 예방과 건강 정보에 관한 권리도 포함되어 있다. 의료 혜택은 전 세계 사람들에게 골고루 돌아가지 못하고 있다. 가난한 나라의 국민들은 병원과 의료진이 부족하고, 의약품을 구입하거나 공공 건강 시 설을 이용할 방법이 없어 고통을 겪고 있다. 특히 에이 즈와 아프리카 대륙에서 빈번하게 발생하는 재해(전쟁, 폭풍우, 홍수, 화재 따위로 생기는 큰 피해)의 피해자들은 의료서비스를 거의 받지 못하고 있다. 가난한 나라 중에 서는, 국민 한 사람당 건강을 위해 지원되는 금액이 1년 에 4달러에도 못 미치는 곳이 있다.

검은 바다 기름 유출로 오염된 바다와 연안을 가리킨다. 유조선 난파, 해저 유전 개발, 송유관 누출 사고 등은 심각한 해양오염을 일으킬 수 있다. 해마다 약 6백만 톤 의 석유가 바다로 흘러들고 있다. 바닷물이 오염되고, 바 닷가는 기름으로 뒤덮이고, 수많은 동물들이 기름 속에 갇혀 빠져나오지 못하거나 중독되어 죽어간다. 해양오염 사고가 발생하면 자연이 균형을 되찾기까지 약 10년이 걸린다. 이런 사고는 대부분 경제적 이유로 수송 경비를 무리하게 줄이려다 발생한다(산호초 참조).

경제성장 한 나라의 부가 증가하는 현상을 말한다. 한 나라의 경제성장률은 실질적인 국민총생산(GNP)의 증 가율에 따라 결정된다. 경제성장률이 높아지면 국민들 의 생활수준 역시 높아진다. 각 나라들의 발전 정도에 따라 경제성장률은 차이가 많이 난다. 그리고 천연자원 과 공간이 제한되어 있기 때문에 세계 경제가 끝없이 성장하는 것은 불가능할 것이다. 어떤 전문가들은 성장 감소, 즉 수익과 생산량을 줄이라고 강력하게 주장한다. 또 어떤 전문가들은 폭발적으로 증가하고 있는 세계 인 구를 먹여 살리기 위한 경제성장의 필요성을 강조하는 한편, 환경과 조화를 이룬 지속적인 발전의 필요성도 함 께 강조하고 있다.

공동체의식(연대의식) 개인과 공동체를 연결시키며 서 로 돕고 살아야 한다는 도덕적 의무를 실천하는 인도주 의적인 태도. 많은 단체들이 공동체의식을 발휘하여 어 려운 상황에 처한 사람들을 돕고 있다. 예를 들어 지진 피해 지역 재건, 가난한 마을에 병원이나 초등학교를 세 우는 일, 마이크로크레디트 제도 시행 등, 공동체의식을 통한 이러한 도움의 손길은 국가들 사이에서도 이루어진다. 어떤 나라가 얼마나 환경을 존중하면서 안전하고 균형 있는 개발을 이루어가느냐는 그 나라의 국민총생산(GNP)에 달려 있다. 다시 말해, 가난한 나라일수록 환경 문제를 생각하면서 개발을 해나가기가 어렵다. 그러므로 어떤 지역이나 국가의 무분별한 개발로 지구환경이 훼손되지 않기를 바란다면, 공동체의식을 가지고 그 지역이나 국가를 도와야 한다.

공적개발원조(ODA) 부유한 국가들이 어려움에 처한 개발도상국들의 발전을 돕기 위해 제공하는 원조금을 말한다. 선진국들은 국제연합(UN)에서 합의한 약속에 따라, 가난한 국가들의 경제발전과 생활환경 개선을 위해 국민총생산(GNP)의 0.7퍼센트를 공적개발원조금으로 제공해야 한다. 그러나 많은 선진국들이 이 약속을 지키지 않고 있다. 2005년에 공적개발원조금은 6백억 달러에 달했지만, 이것은 세계 군사비의 약 16분의 1도 안 되는 액수이다.

공정무역 개발도상국들이 생산하는 농작물과 가내수공업품들을 알맞은 가격으로 거래하기 위한 절차. 서로 단결한 소규모 생산자들은 이 절차를 통해 정당한 가격을 받을 수 있다. 카카오, 커피, 설탕뿐만 아니라 면제품 의류나 장미 등도 공정무역 상품에 포함되어 있다. 공정무역 제도는 농민들과 노동자들의 노동조건과 생활을 개선시킨다.

과잉군비 군비 경쟁으로 과도한 무기를 소유하고 군사비로 지나치게 많은 돈을 낭비하는 것을 뜻한다. 군사비는 국가 재정에 중요한 비중을 차지하고 있다. 세계 각국에서 군사비로 지출된 금액은 10년 만에 37퍼센트 이상 증가하여 2005년도에는 1조 달러에 이르렀다. 이중 60퍼센트가 무기 구입에 쓰인다. 부유한 나라들은 무기를 만들어 개발도상국들에 판다. 통계를 보면, 가난한 나라일수록 전쟁 위험이 높다.

과잉어획 지구상에 존재하는 어류의 생태계를 위협하고, 심지어 한 종류의 물고기가 멸종될 정도로 과도하게 마구 잡는 것. 사람들이 잡아들이는 어종 가운데 70퍼센트가 현재 과잉어획되고 있고, 17퍼센트는 심각한 멸종 위기에 놓여 있다. 뉴펀들랜드의 대구, 대서양의 붉은 참치, 유럽의 뱀장어는 과잉어획되고 있는 대표적인 어종들이다. 한 종이 위기에 처하면 자연의 균형이 깨지면서 생태계 전체가 위협을 받는다(위협종 참조).

교육 개인의 지적 능력과 신체적 능력을 개발해 사회 일원으로 살아갈 수 있게 하는 지식들을 가르치는 일. 교육에 대한 권리는 아동권리협약에 명시되어 있다. 하지만 전 세계 1억 3천만 명의 아이들이 학교에 다니지 못하고 있다. 이 아이들 중 3분의 2는 여자아이들이다.

교토의정서 기후온난화의 원인인 온실효과가스 방출의 규제와 방지를 위한 국제 협약. 1998년에 미국과 오스트레일리아를 빼고 156개국이 모여 전 세계 이산화탄소 방출량을 2012년까지 5퍼센트 이상 줄이기로 약속했다. 그러나 많은 환경단체들은 그 정도로는 불충분하다고 지적한다.

국가부채 대부분의 개발도상국들이 갚아야 할 빚. 선진국, 국제통화기금(IMF), 세계은행뿐만 아니라 개인 은행이나 투자자들도 가난한 나라에 돈을 빌려준다. 하지만 빚이 그 나라의 국민총생산보다 많으면 갚을 수 없기 때문에 빚은 그 나라의 경제 발전을 가로막는다. 몇몇 선진국들과 국제단체들은, 빚을 갚을 능력이 없는 국가들의 경제 발전을 돕기 위해 부채를 탕감해주어야 한다고 목소리를 높인다. 실제로 2005년 G8 정상회담 때, 엄청난 빚 때문에 가장 가난한 국가들로 분류된 18개국의 부채 탕감에 관한 합의가 이루어졌다. 하지만 이 합의에는 해당 국가들에 대한 많은 규제 조건이 있었다(공적개발원조 참조).

국민총생산(GNP) 한 나라에서 1년 동안 생산되는 자원의 총체를 가리키는 말이다. 1인당 국민소득(GNP를 인구수로 나눈 지수)은 한 나라의 발전 정도를 나타낸다. 하지만 이 국민소득의 평균치에서는 각 국민들 사이의 큰 차이가 드러나지 않는다.

국제연합(UN) 1945년에 창설된 국제기구. 전 세계의 평화와 안전을 유지하고 국가간의 협력을 도모하며 경제, 사회, 인권 등에 생기는 분쟁을 해결하기 위해 설립되었다. 회원국은 모두 193개국으로, 세계 거의 모든 국가들이 가입되어 있다.

극지방 지구의 남극과 북극에 위치한 지역이다. 남극은 평균적으로 1.6킬로미터 두께의 얼음층으로 뒤덮인 대륙이다. 북극은 대부빙군(바다에 떠다니는 거대한 얼음덩어리들)으로 뒤덮여 있다. 북극은 기후온난화의 영향을 받은 최초의 지역으로, 50년 동안 얼음층의 두께가 40퍼센트까지 줄어들었다. 극지방의 얼음에 관한 연구를 통해 지난 15만 년 동안의 환경과 기후 변화에 관한 귀중한 정보들을 얻을 수 있다.

기후온난화 지구의 평균 기온이 상승하는 현상. 100년 만에 지구의 평균 기온이 0.5도 올라갔다. 다음 100년 동안 1.5도에서 6도까지 올라갈 수도 있다(북극과 남극의 평균 기온은 10도). 이처럼 빠른 온난화는 인간들의 활동이 주요원인으로, 주로 온실효과를 일으키는 가스 방출 때문이다. 만약 온난화가 계속된다면, 사막화 속도나 빙하가 녹는 속도가 점점 더 빨라지고 바다의 수위가 올라가며, 폭풍우, 태풍, 허리케인이 더욱 자주, 강하게 일어날 것이다(이산화탄소 참조).

나

나무(숲) 지구에는 3억 년 전부터 나무가 자라고 있었다. 수많은 나무들이 모여 이루는 숲은 인간이 거의 손대지 않은 자연 그대로의 원시림과 인간들이 자신들의 필요에 따라 나누어 정리하고 가꾸어놓은 인공림으로 구분된다. 원시림의 면적은 계속 줄어 현재 전 세계 삼림의 10퍼센트밖에 되지 않는다. 원시림은 생물다양성을 보존하고 있기 때문에 무척 중요하다. 오늘날 숲은 위기에 처해 있다. 사람들이 다시 나무를 심는 노력을 기울이고 있지만, 숲의 면적은 하루에 약 2천만 제곱미터씩 줄어들고 있다.

난민 자기 나라가 불안정하고 살기 힘들어서 조국을 떠나는 사람을 가리키는 말이다. 전쟁, 기근, 박해, 환경재해 또는 정치적 불안정 때문에 수많은 사람들이 어쩔 수 없이 이웃 지역으로 피난하는 경우가 있다. 전 세계에 약 2천만 명의 난민들이 있는데, 이들은 대부분 인도주의 단체의 도움을 받아 임시 수용소에 들어간다. 하지만 수용소 환경은 대개 말로 다 할 수 없을 정도로 비참하다.

농약 농작물에 해로운 병균이나 벌레, 잡초 등을 없애는 데 쓰는 화학물질. 살충제나 제초제가 이에 해당한다. 농약은 농작물의 수확량을 늘릴 수 있지만, 길게 사용하면 벌레나 잡초에 농약에 대한 내성이 생기며 토양과 지하수층으로 스며들어 환경을 오염시키기도 한다.

다

대기(공기) 지구 대기권을 구성하고 있는 기체 혼합물. 주로 질소와 산소로 이루어져 있지만, 아주 적은 양의 다른 기체들과 이산화탄소(CO_2)도 포함되어 있다. 대기층은 가스 또는 인간들의 활동으로 발생한 물질이나 미립자들 때문에 오염되고 파괴된다. 동력을 이용한 차량, 냉난방, 산업활동은 이러한 환경오염의 주범들이다. 중국은 이제 미국을 제치고 세계에서 가장 많은 이산화탄소를 배출하는 나라가 되었다. 한 해 동안 지구 전체에서 발생되는 이산화탄소의 22퍼센트를 중국이 배출하고 있다. 대기오염은 호흡을 곤란하게 만들며 건강에 심각한 문제를 일으킬 수 있다. 일본의 수도 도쿄와 같은 대도시에서는 건강을 위해 마스크를 쓰고 다니는 사람들이 늘고 있다.

대기오염 인간들의 활동으로 지구의 공기가 오염되는 것을 말한다. 산업활동, 농업활동, 운송과 교통, 에너지 생산 또는 폐기물 소각은 가스와 대기오염의 원인인 미립자들을 방출시킨다. 이는 온실효과를 증가시키고 산성비를 초래하며 환경과 인간의 건강에 위험한 영향을 미친다. 세계 몇몇 도시들은 영구적으로 떠 있는 더러운 안개, 즉 스모그(smog)를 눈으로 확인할 수 있을 정도로 대기가 오염되어 있다.

대인지뢰 땅속에 숨겨놓고 사람이 밟으면 터지도록 만든 폭탄이다. 현재 전쟁 중이거나 과거에 전쟁이 일어났던 지역에는 수많은 지뢰가 묻혀 있다. 전쟁이 끝난 뒤에도 지뢰들은 제거되지 않고 땅속에 그대로 묻혀 지금까지도 무고한 시민들에게 피해를 입히고 있다. 지뢰 제거 작업은 시간이 아주 오래 걸리고 비용도 지뢰를 만드는 것보다 300배나 더 든다. 세계 곳곳에서는 지뢰 때문에 일주일에 500명 정도가 팔다리가 잘려나가거나 죽는다. 옛 유고슬라비아 영토에는 아직도 1백만 개 이상의 지뢰가 그대로 남아 있다. 세계 64개국에 흩어져 있는 지뢰의 수는 1억 1천만 개가 넘는 것으로 추정되고 있다(과잉군비 참조).

대중교통 많은 사람들을 한꺼번에 운송하는 교통수단으로 기차, 버스, 전차, 전철 등이 이에 속한다. 자가용을 대신할 수 있는 교통수단으로서, 에너지 소비와 이산화탄소 발생률을 줄이고, 도로 소통을 원활하게 한다. 자가용보다는 대중교통을 이용하는 것이 훨씬 안전하고, 약속시간도 더 잘 맞출 수 있다.

도로와 철도 연계수송 철도와 도로를 연결시키는 운송방법. 장거리를 이동하거나 산악지역이나 내포 같은 자연적인 장애물들을 건너야 할 경우 기차에 트럭을 실어 나른다. 이런 방법을 이용하면 차량 수가 줄어들어 도로의 소통이 원활해지고 대기오염도 줄일 수 있다(대중교통, 이산화탄소 참조).

도시화 한 지역을 도시로 개발하는 과정. 어떤 지역의 인구가 증가하고 규모가 커지면 주변 지역들이 도시화된다. 지나친 도시화는 물 자원과 에너지를 과다 소비하고, 농어촌을 사라지게 하고 농어민들을 도시빈민으로 만드는 등 여러 문제를 낳는다. 도시화가 환경에 미치는 악영향에 대해서도 많은 사람들이 우려하고 있다(주거권 참조).

독성 폐기물 환경을 파괴하는 위험한 폐기물. 건전지, 식물 위생조치(식물의 검역, 즉 식물의 해충 또는 질병, 식품이나 음료, 사료의 첨가제, 독소,

질병원인체 등에 대해 시행되는 조치-옮긴이)와 관련된 제품들, 세제, 폐유, 핵폐기물, 전자 및 정보 폐기물들은 특히 환경에 치명적이기 때문에 반드시 전문가들이 특수한 방법으로 처리해야 한다.

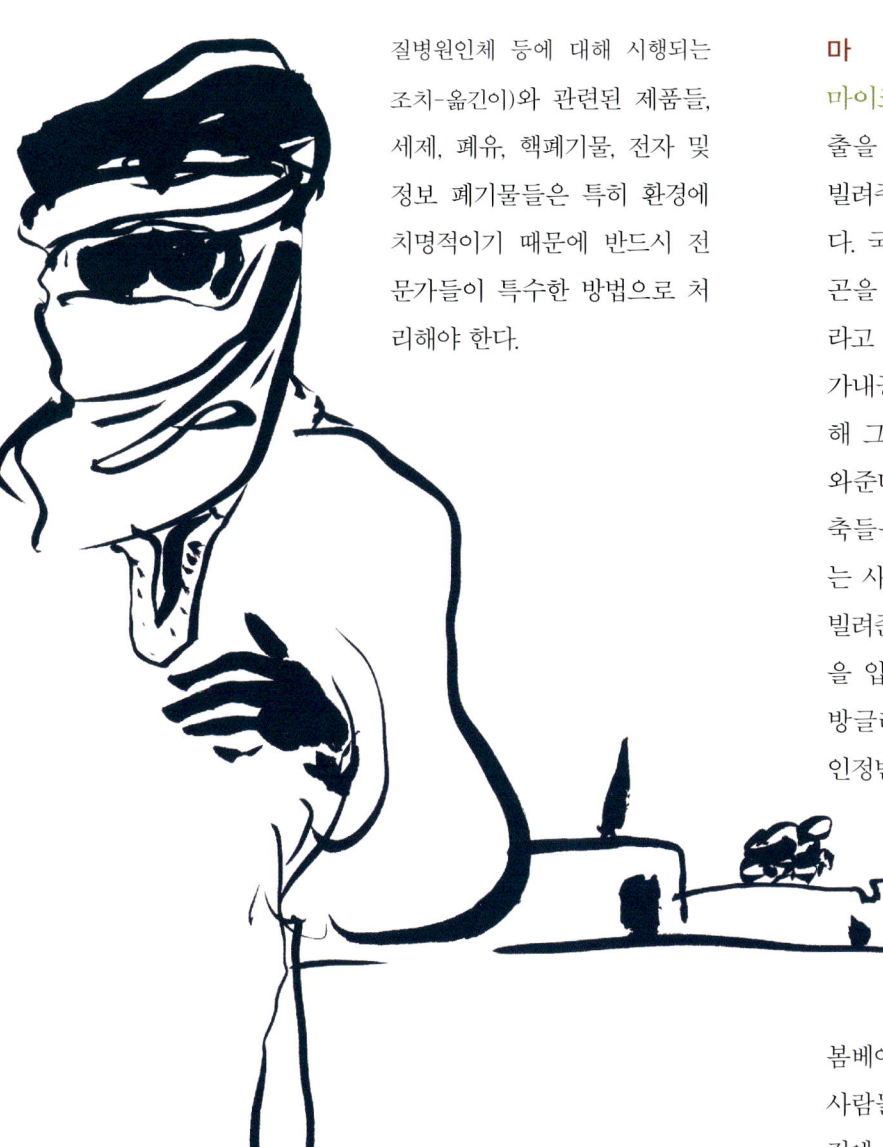

마

마이크로크레디트(무담보 소액 신용대출) 은행에서 대출을 받기 어려운 빈곤층에게 무담보로 소액의 돈을 빌려주는 제도이다. 주로 개발도상국 사람들이 이용한다. 국제연합은 마이크로크레디트가 개발도상국이 빈곤을 극복하고 발전할 수 있는 가장 효과적인 방법이라고 생각하고 있다. 마이크로크레디트는 실제로 농업, 가내공업, 소규모의 사업을 시작하려는 사람들을 지원해 그들이 스스로 생활조건을 향상시킬 수 있도록 도와준다. 예를 들면 축산업을 시작하려는 사람에게 가축들을 구입할 수 있게 하거나, 가내공업을 시작하려는 사람에게 필요한 도구들을 구입할 수 있는 자금을 빌려준다. 전 세계 5억 명의 사람들이 이 제도의 혜택을 입고 있다. 마이크로크레디트 제도를 최초로 만든 방글라데시의 경제학자 무하마드 유누스는 그 공로를 인정받아 2006년 노벨 평화상을 받았다.

메가폴리스(거대도시) 인구 8백만 명 이상이 살고 있는 거대도시를 부르는 말이다. 현재 전 세계에는 22개의 메가폴리스가 있다. 도쿄, 뉴욕, 상파울루, 봄베이, 카이로, 상하이, 마닐라 등이 포함된다. 수많은 사람들이 한 도시에 집중적으로 몰려 있기 때문에 행정에 많은 어려움(교통, 폐기물 처리, 식수 등)이 있을 뿐 아니라 환경에도 나쁜 영향을 미친다. 특히 개발도상국의 메가폴리스들은 흔히 주변에 형성되는 판자촌들과 뚜렷한 대조를 이루어 빈부격차를 부각시킨다(도시화 참조).

메갈로폴리스(초거대도시) 거대도시들이 여러 개 연결되어 있는 거대도시 집중지대. 남아프리카의 요하네스버그와 프리토리아를 연결하는 광대한 도시 지대는 가장 최근에 형성되고 있는 메갈로폴리스의 대표적인 예이다.

모라토리엄 어떤 행동을 하기 전에 잠깐 시간을 두고 그 행동에 대해 다시 검토해 보는 것을 말한다. 원래 '지불유예'를 뜻하는 경제용어지만, 다양한 분야에서 광범위하게 쓰이고 있다. 많은 단체들이 연구와 공개토론을 할 수 있도록, 유전자변형농산물(GMO)이나 핵에너지 개발에 관해 모라토리엄을 요구하고 있다.

문맹 글을 읽을 줄도 쓸 줄도 모르는 사람. 세계 인구의 약 20퍼센트가 문맹이고 그중 3분의 2가 여자들이다. 주로 경제적인 이유 때문에 교육의 기회를 얻지 못해 문맹이 된다. 아프리카와 남아시아가 특히 문맹률이 높다.

민물(담수) 강과 호수에 있는, 소금기가 거의 없는 물. 전체 물의 3퍼센트가 민물이며, 빙하, 지하수, 호수, 하천 등에 있다. 사람들은 여느 생명체들과 같이 민물을 식수로 이용한다. 도시생활과 농업, 산업, 관개시설 등으로 물을 과잉소비하고 온난화가 비와 빙하지대를 변질시키면, 생명을 유지하는 데 반드시 필요한 민물이 고갈될 수도 있다.

민주주의 주권이 국민에게 있는 정치 형태. 한 가문이나 소집단이 권력을 쥐는 군주정치나 과두정치, 한 사람의 지배자 또는 하나의 정당이 주권을 마음대로 행사하는 전제정치와도 반대된다. 민주주의 국가에서는 시민들이 투표를 통해 자신들의 대표자를 뽑는다. 정의, 법 앞의 평등, 표현의 자유, 언론의 자유 등은 넓은 의미에서 민주주의와 관련된 가치들이다. 하지만 세계 인구 중 약 20억 명이 언론의 자유가 없는 나라에서 살고 있다.

바
바이오매스 한 지역 내에 살고 있는 동물과 식물의 총량, 또는 에너지로 전환할 수 있는 생물들의 총량을 뜻한다. 식물 바이오매스를 이용해 바이오연료나 연소 가스 형태의 에너지를 얻을 수 있다. 열에너지를 동력에너지로 바꾸는 발전소가 그 예이다.

바이오 연료 해바라기, 유채, 밀, 사탕무 등의 식용작물로 만든 연료. 생물연료 또는 친환경연료, 청정연료, 녹색연료, 아그로(agro) 연료라고도 불리며 화석연료를 대체할 수 있는 새로운 에너지로 주목받고 있다(화석연료는 환경파괴와 지구온난화를 불러일으킬 뿐만 아니라 재생해 사용할 수도 없기 때문이다). 하지만 식용작물을 원료로 사용하기 때문에, 바이오연료의 생산은 농산물 가격에 직접적인 영향을 미친다. 예를 들어 바이오에탄올을 생산하는 데 엄청난 양의 옥수수가 필요하기 때문에 옥수수 가격이 큰 폭으로 오를 수밖에 없다. 이는 옥수수를 사료로 이용해 생산되는 쇠고기나 계란 등의 가격에도 영향을 미친다. 따라서 옥수수보다는 농업폐기물이나 클로렐라를 이용해 연료를 만드는 것이 여러모로 유익하다.

분리수거 쓰레기들을 그 성질에 따라 분리하는 것을 가리킨다. 산업폐기물의 분리수거는 재활용에 도움이 될 뿐만 아니라, 생분해되지 않는 물질들을 쉽게 회수할 수 있게 한다. 각 가정에서 쓰레기를 분리수거하면 우리의 생태 영향 지수를 낮출 수 있다.

불법이민 외국인들이 불법으로 들어와 사는 행위를 말한다. 불법 이민자들은 대부분 가난한 나라에서 선진국으로 건너 온 사람들이다. 이 사람들은 선진국에서 열심히 일해서 잘살아보겠다는 희망으로 위험을 무릅쓰고 국경을 넘는다. 이들은 화물트럭이나 선박의 화물창고, 비행기 화물칸에 숨어 들어온다. 또는 헤엄을 쳐서 강을 건너거나, 작은 보트에 몸을 싣고 오기도 한다. 매년 수천 명이 밀입국을 시도하다 목숨을 잃는다.
하지만 생명의 위험을 내걸고 간신히 선진국으로 건너가는 데 성공했다 하더라도, 불법 이민자들이 그 나라에서 합법적으로 체류하면서 일하기는 하늘의 별따기만큼이나 어렵다.

빈곤(가난) 재정적 자원이 부족한 상태. 전 세계 28억 명(세계 개발도상국 인구의 절반)이 2달러(2600원 상당)도 채 되지 않는 하루 생계비로 굶주린 배를 채우며 살아가고 있다. 이들 중 대부분은 사하라 사막 남쪽에 있는 아프리카와 아시아의 남·동쪽에 살고 있다. 특히 인도, 과테말라, 케냐, 마다가스카르에서는 인구의 절반 이상이 극도의 빈곤 속에서 살아가고 있다.

빙하 눈이 쌓이고 쌓여 만들어진 거대한 얼음덩어리. 빙하는 아주 천천히 형성되기 때문에, 만들어진 지 수십만 년이 넘는 것들도 있다. 빙하는 우리 지구의 물 중 1.7퍼센트를 차지하며 담수 보유고의 60퍼센트를 차지한다. 온난화로 빙하들은 점점 더 빠른 속도로 녹고 있다. 알프스 산맥의 사렌 빙하는 1900년 이후로 부피가 80퍼센트나 줄어들었다. 100년 뒤에는 알프스에 있는 빙하들의 95퍼센트가 사라질 수도 있다.

사

사막화 현상 한 지역의 환경이 나빠지고 토지가 황폐화하면서 결국에는 사막으로 변하는 현상. 사막화 현상은 기후적인 요인들과 인간들의 활동이 결합되어 나타난 결과이다. 과도한 토지개발, 지나친 방목, 물 자원 남용, 기후가 건조한 지역들의 삼림 파괴는 땅을 조금씩 불모지로 만든다. 결국 생태계가 파괴되고, 식물들이 더 이상 자라지 않게 되면서 농사를 지을 수 없게 된다. 지구 표면 육지의 3분의 1이 사막화의 위협을 받고 있다. 그래서 2억 5천만 명 이상의 사람들이 사막화로 직접적인 피해를 입으며 고통을 겪고 있다(가뭄 참조).

산성비 황 화합물이 섞여서 산성을 강하게 띤 비로, 주로 화석물질들의 연소와 산업폐기물, 거기에 화산분출 같은 자연 현상으로 발생한 가스 때문에 생긴 결과이다. 질산, 황산, 아황산은 비를 오염시키고 생태계에 해로운 영향을 미치는데, 특히 식물군과 해양 환경에 큰 해를 끼친다.

산아제한 법, 홍보교육, 피임약을 통해 출산율을 낮추려는 정책. 예를 들어, 중국은 1970년대 이후로 모든 부부는 한 명의 자녀만 낳을 수 있다는 법을 만들어 시행하고 있다. 인도는 피임, 심지어는 불임 시술에 관한 대대적인 캠페인을 주기적으로 벌이고 있다. 개발도상국들은 대부분 출산율이 매우 높아 인구가 지나치게 증가하고 있다. 오늘날 세계 인구의 3분의 1이 14세 이하이다. 성교육, 피임, 낙태수술을 통해 지나친 출생률을 감소시킬 수 있지만 전 세계 3억 5천만 명의 가임 여성들은 아직도 산아제한에 따르지 않고 있다.

산호초 산호 기둥들의 석회질 뼈대로 이루어진 해저 구조물. 해초와 함께 모여 사는 수중 생명체로서, 다양한 동물군과 식물군을 보호한다. 서인도 제도나 오스트레일리아처럼 따뜻한 바다뿐만 아니라 스칸디나비아처럼 차가운 바다에서도 발견된다. 오늘날은 해양오염 때문에 위협을 받고 있을 뿐만 아니라, 산호를 상품화하려는 사람들의 무분별한 채취로 멸종 위기에 처해 있다.

삼림파괴 무분별한 벌채나 화재로 숲이 파괴되는 것을 뜻한다. 주로 동남아시아, 아프리카, 남아메리카의 거대한 삼림 지역들이 농경지 개간이나 도시화 때문에 파괴되고 목재 수출을 위해 진귀한 나무들이 무분별하게 벌채되었다. 열대지방의 삼림 중 약 1퍼센트가 해마다 돌이킬 수 없을 정도로 파괴되고 있다. 삼림 파괴는 수많은 종들의 자연적인 서식지를 망가뜨려 생존을 위협하고 있으며 원주민들의 생활 터전을 빼앗고 있다. 삼림 파괴 때문에 숲의 이산화탄소 흡수량이 심각하게 감소하고 있다.

생물권 생물 즉 생명체들이 차지하고 있는 모든 환경을 말한다. 지구 표면뿐만 아니라 대기, 물, 땅속까지 생물이 살아가고 있는 지구상의 모든 공간을 일컫는다.

생물다양성 지구에는 약 1천 4백만 종의 동식물이 살고 있는 것으로 추정된다. 하지만 현재까지 알려진 것은 1백 7만 종에 불과하고 아직 1천 2백만 종 이상이 발견되지 않은 상태이다. 어떤 지역은 생물 종의 분포가 특히 다양한데, 예를 들어 브라질에는 전 세계 생물 종의 20퍼센트가 분포되어 있다.

다양한 생물들은 인간에게 식량, 건축, 의류, 난방 또는 의약품 등을 만들 수 있는 자원들을 끊임없이 제공해준다. 오늘날 의약품 원료의 절반을 식물에서 얻는다. 하지만 하루에 약 100종의 생물들이 인간들 때문에 지구상에서 사라지고 있다(위협종 참조).

생분해 미생물(박테리아, 균류, 클로렐라 등)이 분해할 수 있는 물질을 말한다. 자연 속에 버려진 종이봉지는 약 2개월이면 분해되지만, 비닐봉지는 400년 넘게 걸린다.

생태계 생물들과 그 생물들의 물리적인 환경(공기, 물, 토양) 결합으로 이루어진 총체. 어떤 환경에 맞춰진 하나의 생활양식 속에서 동물과 식물과 미생물들이 서로 연관을 가지면서 함께 살아간다(생물다양성 참조).

생태발자국(생태 영향 지수, 생태적 활동면적) 한 사람이 식량, 교통, 주거환경, 소비활동 등 일상생활을 충족시키는 데 드는 자원, 그리고 폐기물을 처리하는 데 필요한 토지면적을 측정해 수치화한 것이다. 생태 영향 지수가 높을수록 자연에 나쁜 영향을 미치는 생활습관을 갖고 있다는 뜻이다. 따라서 생태 영향 지수를 통해 인간이 자연에 얼마나 나쁜 영향을 미치는지를 평가할 수 있다. 조금만 신경써도 일상생활에서 생태 영향 지수를 낮출 수 있다. 예를 들어 물을 절약하거나, 고기를 덜 먹고 제철에 생산되는 채소를 구입하는 것, 대중교통을 이용하는 것 모두가 생태 영향 지수를 낮추는 행동이다.

오늘날에는 특정한 개인 또는 특정한 활동의 생태 영향 지수를 계산하기 위한 양식들이 있다. 많은 단체들은 인간이 자연에 나쁜 영향을 미친 만큼 자연을 원래 모습으로 되돌리기 위해 노력해야 한다고 말한다(온실효과 참조).

생태학(환경학) 생물체들 사이의 관계 또는 생물체들과 환경의 관계를 연구하는 학문이다. 환경학은 한 나라의 경제와 사회생활에서 환경을 맨 먼저 고려한다는 의미로 정치 분야에서 쓰이는 용어이기도 하다.

석유 주로 동력을 이용한 교통수단과 열 발전소 에너지로 이용하는 광물성 기름. 환경에 해로운 영향을 미칠 뿐만 아니라 매장량도 한정되어 있는 화석에너지이다. 따라서 석유 대신 자연친화적이고 청정한 재생에너지들을 사용해야 한다. 현재 알려진 석유 매장량은 2050년쯤에 고갈될 것으로 추정된다.

선진국 국민 대부분이 누릴 수 있는 경제·사회적 발전이 이루어져 있는 나라. 국제연합은 인간발전지수(경제·사회·문화 기준에 따라 발전 정도를 점수로 매긴 것-옮긴이)를 만들었다. 국민총생산(GNP)을 비롯해 다양한 경제적 기준들뿐만 아니라 평균 수명, 식수 이용 가능성, 사회화 등 다른 많은 것들도 이 지수를 계산하는 기준이 된다. 또한 각 지역의 발전 정도도 관찰할 수 있다. 오늘날 지구에 살고 있는 사람들 중 20퍼센트가 선진국에 살고 있다. 이들은 전 세계 자산의 80퍼센트를 소유하고 있으며 전체 에너지의 80퍼센트나 소비하고 있다.

세계무역기구(WTO) 국제무역을 촉진하기 위해 설립된 국제기구. 이 기구의 목적은 무역에 관한 협정을 결정하고 국가간의 무역 갈등을 조정하면서 전 세계의 자유무역이 순조롭게 이루어지도록 도와준다. 전 세계 거의 대부분의 나라들이 가입되어 있지만, WTO는 선진국들에게 유리하도록 발언권을 주고 있어 종종 비난을 받는집.

세계시민 전 세계 모든 사람들이 단일민족에 속한다는 소속감이나 연대의식을 강조하는 표현이다. 지구와 세계의 미래를 가장 먼저 생각하면서 21세기의 모든 문제들을 한마음으로 해결해나가려는 사람을 뜻한다. 각 국가들의 책임소재나 상황의 차이들(각 나라들의 발전 수준, 문화, 정책 등의 차이)을 고려해야 한다고 주장하는 단체들이 이 개념을 강조하고 있다.

세계화 국경과 정치 체제를 뛰어넘어 지구에 살고 있는 모든 인간의 경제·사회적 활동들을 하나로 통합하고자 하는 움직임이다. 그중에서도 환경 문제는 이제 지구촌으로 불리는 세계에서 가장 중요한 과제가 되었다. 인터넷은 세계 어디서나 똑같은 것들을 보고 겪는 지구촌 사람들에게 '우리는 하나'라는 연대감과 소속감을 더욱 강화시켜주고 있다. 하지만 세계화가 좋은 것만은 아니다. 사실상 많은 문제점을 안고 있는 세계화는 특히 대안세계화주의 단체들로부터 격렬한 비난을 받고 있다. 이들은 부유한 나라들이 세계화 운동을 주도적으로 이끌어가면서 자신들이 정한 규격에 따른 발전과 이념만을 다른 나라들에 강요한다고 비난하고 있다(세계시민 참조).

소년병 전쟁 때 군인으로 이용되는 아이들을 말한다. 전 세계 소년병들의 수는 30만 명에 이르며, 주로 내전이 일어나고 있는 가난한 나라들에서 아이들이 전쟁에 동원되고 있다. 아이들을 입대시키기 위해 돈, 납치나 협박, 때로는 마약까지 이용한다 (과잉군비 참조).

식량농업 산업이나 수출을 목적으로 하는 것이 아니라 한 지역 내에서 지역인구에게 식량을 공급하기 위해 작물을 재배하는 것. 선진국들의 수요에 맞춰 수출을 목적으로 하는 집약농업과는 달리, 식량농업은 주로 개발도상국들에게 권장된다. 하지만 농산물을 수출하면 농사에 필요한 중장비나 기계를 구입하는 데 필요한 외화를 벌어들일 수 있다. 그래서 개발도상국들 대부분이 농산물 수출에 주력할 수밖에 없다.

식수 마셔도 건강에 위험이 없는 안전한 물로, 맛도 냄새도 없으며, 독성 물질이나 미생물도 함유되어 있지 않다. 인간은 물을 마셔야 살 수 있다. 하지만 식수로 사용하기 위해서는 안전한지 꼭 확인하고 위생적인 정수 처리 과정을 거쳐야 한다. 전 세계 인구 가운데 4명 중 1명이 질 좋은 식수를 이용하지 못하고 있으며, 매일 2만 5천 명이 먹기에 적합하지 않은 물을 마시고 목숨을 잃는다.

신흥국가 개발도상국가로 분류되어 있긴 하지만 빠른 성장으로 곧 선진국에 진입할 것으로 보이는 국가들을 일컫는다. 중국, 인도, 인도네시아, 남아프리카, 이집트, 브라질이 대표적인 신흥국가로 꼽힌다. 하지만 이 국가들의 급속한 경제 성장은 심각할 정도로 환경을 파괴하고 있다.

아

아동권리협약 아동의 기본 권리를 정의해놓은 국제 조약. 이 협약은 1989년 국제연합이 채택해 191개국이 이 협약의 조항에 조인했다. 아직까지 이 협약을 비준하지 않은 나라는 미국뿐이다. 아동 권리 협약은 국가들이 아동들에게 반드시 인정해주어야 할 (식수, 식량, 교육, 건강에 대한 권리, 방임과 노동력 착취 및 학대로부터 보호받을 권리, 의견과 표현의 자유 등) 기본적인 권리와 자유를 담고 있다.

아동 노동 착취 미성년자들을 고용하여 힘든 일을 시키는 행위. 전 세계 8명의 어린이 가운데 1명이 가난 때문에 강제 노동을 하고 있다. 이 아이들은 농업뿐만 아니라 산업과 가내공업 분야에서도 일하고 있다. 어떤 아이들은 매춘부나 노예로 팔려가기도 한다. 아이들을 대상으로 한 노동력 착취와 열악한 노동조건 이외에도, 이 2억 5천만 명의 아이들은 교육의 기회마저 빼앗기고 있다. 이 아이들은 성인이 되어서도 대부분 문맹으로 살아가고, 생명의 위협을 느낄 만큼 건강이 악화되어 있다.

열량(칼로리) 에너지 측정 단위로, 음식물에 함유된 열량을 말한다. 동일한 성과 동일한 연령대의 사람들이 하루 동안 필요로 하는 열량은 거의 비슷하다. 하지만 전 세계 사람들의 열량 섭취량은 저마다 큰 차이를 보인다. 선진국 사람들은 훨씬 더 많은 칼로리를 섭취하고 있으며, 특히 육류를 통한 칼로리 섭취 비율이 높다.

영양실조 질적으로나 양적으로 영양분을 알맞게 섭취하지 못했을 때 일어나는 신체 이상을 가리킨다. 영양불량이라고도 한다. 선진국들에서는 영양과 관련된 문제들이 주로 영양분이 풍부한 음식을 지나치게 많이 먹어 생기는 반면, 개발도상국들에서는 영양실조, 다시 말해 열량을 충분히 섭취하지 못하기 때문에 발생한다. 가난과 전쟁 또는 해충이나 기후 조건들로 생기는 흉작은 해당 지역의 모든 사람들을 영양실조에 걸리게 만든다. 세계 인구 가운데 35억에서 40억 명에 이르는 사람들이 철분 결핍증에 걸려 있다. 8억 명은 영양실조에 걸려 있는 반면, 3억 명은 비만으로 고생하고 있다.

오염 생태계나 인간에게 해로운 물질들을 생물권 내에 버려 환경을 훼손하는 행위를 말한다. 오염은 주로 산업 활동 때문인 경우가 많지만, 우리의 일상생활에서 발생되기도 한다. 가령 짧은 거리를 이동할 때도 자동차를 타고 간다거나, 하수구에 독성 세제를 흘려보내는 것, 실내 공기를 향기롭게 하려고 스프레이를 뿌리는 것 등이 오염을 일으키는 대표적인 행위이다.

오존 자외선으로부터 지구를 보호하는 층을 이루고 있는 가스로, 지구 표면에 오존의 양이 지나치게 많아지면 눈이나 호흡기의 염증을 유발할 수 있다. 날씨가 화창할수록 오존 농도는 높아진다. 오존 농도가 위험 수위에 도달하면 사람들이 대처할 수 있도록 오존주의보를 발령한다(오존층 참조).

오존층 지구 표면 위로 25킬로미터에서 45킬로미터에 이르는 구간에 있는 대기의 일부분이다. 오존층은 엄청난 양의 오존을 포함하고 있으며, 자외선의 상당 부분을 흡수하면서 생명체들이 해로운 자외선을 쬐지 않도록 막아주고 있다. 1970년대 말, 학자들은 오존층에 두꺼운 부분과 아주 얇은 부분이 있다는 것을 발견했다. 이 얇은 부분의 '구멍'이 봄마다 남극 지방에서 생겨난다. 이 구멍은 냉장고나 스프레이 제품들에 사용되는 프레온 가스 때문에 생긴다.

온실효과 지구 표면이 태양에너지를 반사하면서 뿜은 받아들이고 열은 내보내지 않아 지구의 대기를 데우는 자연현상으로, 지구를 덮고 있는 하나의 가스층(이산화탄소, 메탄, 오존)이 이 현상을 막고 있다. 이 현상이 없으면 지구의 평균 온도는 영하 18도까지 내려간다. 그런데 약 100년 전부터 이 자연적인 균형이 깨지고 있다. 화석연료와 석유화학 제품을 이용하는 인간의 활동이 늘어나고 있기 때문이다. 온실효과를 일으키는 가스가 대기 속에 많아질수록 온난화로 지구 표면에 심각한 문제들이 일어난다.

위협종 지구에서 사라질 위기에 처해 있는 종을 뜻한다. 각 종들이 처한 위험이 얼마나 심각한지에 따라 위협에 노출되기 쉬운 종, 멸종 위협종, 멸종 위기종으로 구분한다. 이 종들이 위협을 받는 것은 대부분 (수렵, 낚시, 채취, 밀거래, 삼림파괴, 농경과 산업활동, 도시화, 외래종 유입으로 토착 생물들의 서식지 파괴 등과 같은) 인간들 때문이다. 전 세계 위협종 목록에는 1만 6천 개 이상의 동·식물들이 포함되어 있다.

유기농업 자연환경을 보존하려고 애쓰는 농업 형태. 유기농업에서는 화학비료 대신 퇴비나 두엄 같은 유기물을 비료로 사용하고 제초제 대신 손이나 기계로 잡초를 뽑아준다. 유기농업으로 생산된 농산물에는 환경을 해치지 않고 생산된 농산물, 즉 유기농 제품이라는 것을 증명하는 인증 마크를 붙인다.

유전자변형농산물(GMO) 변형된 유전자를 가지고 있는 농산물. 식물이나 동물들은 저마다 고유한 유전자들을 가지고 있다. 유전자는 각 식물이나 동물의 생물학적 정체성을 말해준다. 사람들은 생물의 고유한 유전자를 변형시켜 유전자변형 농산물들을 생산하고 있다. 뿐만 아니라, 유전자변형 작물에다 또 다른 식물의 유전자들을 결합시키기도 한다. 이 경우, 그 작물은 새로 결합된 유전자들로 새로운 특성이나 능력을 가지게 되며 후손에게 그 특성과 능력을 물려주게 된다. 유전자변형 기술을 이용해 특정 질병이나 가뭄에 잘 견디는 작물을 만들 수 있다. 당뇨병 환자들에게 필요한 인슐린을 만들어내는 박테리아처럼 새로운 물질을 생산하는 유전자변형 생물체도 가능하다. 하지만 유전자변형에 대해 많은 비판이 쏟아지고 있다. 자연에 위배될 뿐만 아니라 이 농산물을 사람들이 먹을 경우 안전한지도 아직 증명되지 않았기 때문이다. 또 자연 속에 유전자변형 작물들이 확산될 경우 발생할 수 있는 여러 가지 위험에 대해 연구가 계속 진행되고 있다. 여러 단체들은 유전자변형 농산물에 대한 모라토리엄을 요구하고 있다.

이산화탄소(CO_2) 탄산가스라고도 한다. 대기 속에 존재하며 생물의 호흡과 발효 때 생성된다. 이 기체는 사람들이 숨을 쉴 때도 발생한다. 이산화탄소 자체에는 독성이 없으며 심지어 식물의 성장에 꼭 필요하다. 하지만 대기 속에 이산화탄소 농도가 너무 높으면, 온실효과를 일으키는 가스, 즉 온실효과가스가 되어 기후온난화를 일으킨다. 화석에너지(석탄, 석유, 천연가스)를 이용하는 인간들의 활동은 엄청난 양의 이산화탄소를 발생시킨다.

인구성장 한 나라의 인구가 증가하는 것. 50년 전부터 개발도상국들은 극심한 인구성장을 겪고 있다. 생활 및 건강 조건들이 나날이 개선되어 연간 사망자 수가 줄어

들기 때문이다. 이러한 인구증가는 이농현상과 급속한 도시화를 낳는다. 산아제한 정책들은 이런 현상을 막기 위한 노력의 일환이다. 세계 인구는 1년에 약 1.6퍼센트씩 증가하고 있다. 현재 70억 명에 달하는 세계 인구는 21세기 말에 가면 약 100억 명까지 늘어날 전망이다.

자

재생에너지 자연 속에 존재하며 아무리 사용해도 고갈되지 않는 에너지를 뜻한다. 화석에너지나 핵에너지와는 반대된다. 재생에너지는 환경오염을 일으키지도 않고 위험한 폐기물들을 발생시키지도 않는다. 예를 들어 강물이나 바닷물, 바람, 햇빛은 댐이나 풍력 발전기, 태양열 집열판을 이용해 전기를 만들어낼 수 있는 영구적인 에너지 원천이다. 재생에너지는 오늘날 세계 에너지 소비량의 약 20퍼센트를 차지하고 있다. 화석에너지 고갈에 대비해 재생에너지를 발전시켜 대체에너지로 이용해야 한다.

재활용 폐기물을 이용해 새로운 물건을 만들어 다시 사용하는 것을 말한다. 재활용은 쓰레기양을 줄여줄 뿐만 아니라 천연자원과 원료들을 절약하게 만든다. 예를 들어, 종이 상자 1톤을 재활용하면 나무 2.5톤이 절약된다. 하지만 쓰레기 분리수거와 폐기물 재활용에 오히려 엄청난 에너지가 드는 경우도 있다. 따라서 재활용을 시행하기 전에는 반드시 재활용할 경우 얼마만큼의 이익이나 손해가 발생할지 환경결산을 해봐야 한다.

주거권 인간의 기본권 중 하나로, 집다운 집에서 살 권리를 뜻한다. 주거권은 전 세계 사람들이 공평하게 누리지 못하고 있다. 남아메리카에는 제대로 된 집들이 30퍼센트, 아프리카에는 7퍼센트에 지나지 않는다.

정수 물리화학과 생물학적 방법들을 이용해 물을 정제하는 과정을 말한다. 이 기술을 이용해 자연에서 끌어올린 물을 식수로 만들 수도 있고, 사용하고 난 물을 다시 정제시켜 자연으로 돌려보낼 수도 있다.

지하수층 땅 밑에 물이 가득 차 있는 토양이나 암반층. 표면의 물이 땅속에 서서히 스며들면서 형성된다. 손쉽게 이용할 수 있는 민물 저장고로, 우물이나 샘물도 여기에 해당한다. 지하수층의 물은 특히 비료나 농약 사용 또는 산업폐기물과 유해물질 투기로 발생하는 지질오염에 무방비하게 노출되어 있다(식수 참조).

집약농업 일정 면적의 농경지에 자본이나 노동력을 집중적으로 투입해 생산량을 최대화시키는 농경법. 화학비료, 농약, 풍부한 관개, 온실, 성능이 뛰어난 농기계 등 기술력이 반드시 필요하다. 집약농업은 20세기에 선진국들의 농업 생산량을 크게 늘려주었지만, 환경 문제에 대한 관심이 높아지면서 이 영농법을 다시 바라보고 있다. 집약농업은 넓은 농지에서 농사를 지으면서도 수확량은 더 적은 조방농업과 반대된다. 1950년대부터 이러한 집약농업의 부작용에 대처하기 위해 유기농업이 새롭게 등장하기 시작했다.

차

천연자원 자연이 제공하는, 인간 활동에 필요한 에너지와 물질들을 통틀어 가리킨다. 물, 광물, 화석에너지, 비옥한 토양, 다양한 생물들은 환경의 균형과 조화를 생각하고 미래 세대들을 위해 아껴 써야 하는 대표적인 천연자원이다.

축산 동물들을 사육하고 번식시키는 모든 기술, 또는 가축을 길러 생활에 유용한 물질을 생산하는 일. 다른 농업 분야들처럼 축산에서도 다양한 방법들이 이용되고 있다. 가축이나 가금류를 비위생적이고 비좁은 축사에 가두어 기르는 집약적 축산과 동물들을 넓은 목초지에 놓아 기르는 조방적 축산이 있다.

파

판자촌 대도시 외곽에 허가를 받지 않고 임시로 지은 집들이 밀집해 있는 주거 지역으로, 이 지역의 집들은 대부분 브라질의 파벨라처럼 함석이나 양철통, 판자 등을 주워 만든다. 가난한 사람들이 주로 모여 사는 이곳은 위생 상태가 이루 말할 수 없이 불결하며, 식수를 위한 수도나 전기 같은 시설은 물론이고 쓰레기나 오수를 처리하는 시설도 없다. 이곳 사람들은 의료 혜택이나 교육도 받지 못한다. 세계시민 3명 중 1명이 판자촌에서 살고 있으며, 해마다 2천 7백만 명의 새로운 이주자들이 대도시 주변의 판자촌으로 모여든다. 이들 대부분은 가난 때문에 농촌 지역에서 밀려난 사람들이다.

8개국 정상회담(G8) 세계에서 가장 강력한 선진국으로 꼽히는 독일, 캐나다, 미국, 프랑스, 이탈리아, 일본, 영국, 러시아로 이루어진 단체를 말한다. 이 8개국은 세계 경제활동의 3분의 2를 차지하고 있다. 해마다 열리는 G8에는 각국의 대통령과 총리가 참가한다. G8 정상회담에서 그들이 내리는 결정은 지구 전체에 영향을 미친다. 대안세계화주의를 지향하는 수많은 단체들이 부유한 나라들의 '지구 지배'를 강력하게 비난하고 있다.

평등 성별, 나이, 출신 등과는 상관없이 각 개인을 똑같이 대우하자는 정신이다. 국적이나 사회적 신분에 따라 사람들을 구분하고 분열시키는 불평등을 시작으로 인종이나 민족 집단 또는 종교 집단들 사이의 불평등, 도시와 농촌 거주자들 사이의 불평등, 남자와 여자 사이의 불평등과 같이 다양한 불평등이 존재한다. 전 세계 수많은 여성들이 편견이나 전통 때문에 학교와 직업의 선택, 전문가로서 받는 대우를 누리지 못하고 공정한 재판을 받지 못하고 있다.

폐기물 어떤 생산품의 제조, 소비 또는 사용과정이나 사용 후에 발생하는 찌꺼기나 폐기물질을 뜻한다. 폐기물에 따라 생분해 되거나(예를 들어 음식물 쓰레기) 재활용이 가능하지만, 재활용이 불가능한 폐기물 대부분은 매립하거나 소각시킨다. 폐기물 관리는 특히 개발도상국들의 대도시에서 심각한 문제들을 발생시킨다.

풍력 발전기 바람의 힘을 이용해 프로펠러를 회전시켜 에너지를 발생시키는 장치이다. 풍력 발전기는 재생 가능한 청정에너지를 만들어내지만, 풍경을 해치고 시끄러운 소음을 유발한다는 이유로 비난받고 있다. 무인도나 바다 한가운데에 풍력 발전기 단지를 만들면 비용이 많이 들기는 해도 이러한 폐해들을 줄일 수 있으며 강력한 바닷바람으로 생산 효율을 훨씬 더 높일 수 있다.

프레온 가스(CFC) 염소, 불소, 탄소를 이용해 인간이 만들어낸 가스의 한 종류로 정식 명칭은 염화 불화탄소이다. 각종 스프레이 제품이나 냉각 가스를 만드는 데 사용되는데 대기 중에 나오면 성층권으로 올라가 오존층을 파괴한다. 프레온 가스 사용은 국제협의로 현재 금지되어 있다.

하

핵에너지 우라늄 원자핵의 융합으로 만들어지는 에너지로, 화석에너지보다 열효율이 뛰어나며, 이산화탄소를 발생시키지 않는다. 대신 방사선 폐기물이 발생하는데, 몇천 년이 지나도 사라지지 않으며 무척 위험해서 인체에 조금만 노출되어도 생명을 잃을 수 있다. 1986년 우크라이나 체르노빌에서 발생한 원전 폭발 사고는 사고 이후에도 대기 속에 방사능이 계속 떠돌면서 끔찍한 결과를 일으키고 있다. 뿐만 아니라 민간 목적으로 사용되는 핵 역시, 언제든 군사적인 목적이나 테러에 이용될 수 있기 때문에 철저한 관리가 필요하다. 많은 단체들이 핵에너지 대신 재생 가능한 대체에너지를 개발해 사용해야 한다고 주장하고 있다.

호흡 생명체들이 산소를 들이마시고 이산화탄소를 내보내는 것, 또는 동물과 식물, 환경이 서로 산소와 이산화탄소를 교환하는 것을 가리킨다. 땅에 사는 생물들만 호흡을 하는 게 아니라, 물에 사는 생물들도 호흡을 한다. 다시 말해 호흡은 지구에서 살아가는 모든 생물들이 생명을 유지하기 위한 기본 활동이 된다(대기 참조).

홍수 물이 범람하여 주변 땅들이 잠기는 자연재해를 뜻한다. 비가 많이 내리면 하천이 넘쳐흐를 확률이 높아지는데 인간들이 자연을 훼손하고 땅을 잘못 이용할수록 더욱 악화된다. 삼림 파괴와 대형 주차장들은 비가 내릴 때 빗물이 땅속으로 스며들지 못하게 한다. 홍수가 일어나기 쉬운 지대에 지은 건축물과 기후온난화 역시 비가 내리는 횟수와 강우량에 영향을 미친다.

화석에너지 지구의 퇴적층에 묻혀 화석화된 고대생물의 유기물에서 얻은 에너지로, 석유나 천연가스, 석탄 형태로 발견된다. 이 에너지들은 특히 난방, 동력을 이용한 운송수단, 발전소 연료로 사용된다. 연소시키는 과정에서 에너지를 얻을 수 있지만, 그와 동시에 온실효과를 일으키는 이산화탄소도 대량으로 방출된다. 화석에너지는 매장량에 한계가 있으며 현재로서는 재생해 사용할 방법이 없다.

환경결산(환경회계) 어떤 생산품의 기획에서 사용 후까지 그 생산품이 환경에 미치는 영향을 평가하는 행위. 원자재, 에너지 소비량, 제품이 발생시킨 오염 정도가 모두 포함된다.

환경시민 환경에 대한 자신의 권리와 의무를 의식하고 실천하는 시민을 가리킨다. 일상생활에서 항상 자신의 행동에 주의를 기울이면서 쓰레기를 재활용할 수 있도록 분리수거를 실천해야 한다. 뿐만 아니라 물과 에너지 소비를 줄이거나 생분해가 되는 제품들을 사용하려고 노력해야 한다.

환경재해 생태계에 영향을 미치고 생물다양성뿐만 아니라 관련 지역 주민들까지 위험에 빠뜨리는 심각한 사건을 통틀어 일컫는다. 중앙아시아 아랄 해의 사막화, 우크라이나 체르노빌 핵발전소의 방사능 누출 사건, 아마존 지역의 삼림 파괴, 유조선 '에리카'호의 기름 유출로 일어난 해양 오염은 환경을 돌이킬 수 없을 정도로 파괴한 대표적인 환경재해들이다.

환경친화적 개발(지속 가능한 개발) 미래의 후손들이 필요한 자원을 계속 이용할 수 있도록 환경보존에 신경을 쓰면서 지금의 필요를 충족시키는 경제개발을 일컫

는다. 환경친화적 개발은 경제, 사회, 환경을 골고루 발전시키는 데 그 목적을 두고 있다. 천연자원을 현명하게 관리하고, 오염을 덜 유발하는 첨단기술을 이용한다. 또한 낭비를 줄이고 에너지 비용이 덜 드는 생활양식을 선택해야 한다. 이러한 노력이 지구 자원을 공평하게 나눠 쓰고 절약하여 후손들이 그 자원들을 계속 이용할 수 있게 할 것이다.

앞표지
뉴질랜드, 타라나키반도에 있는 휴화산 에그몬트산(2,518m) 정상(위성사진).
ⓒ PlanetObserver / Altitude

p.6
파푸아뉴기니, 산호바다 연안의 와오이강과 키코리강 삼각주(위성사진).
ⓒ PlanetObserver / Altitude

p.9
중국, 광시성의 석회암 산봉우리.
ⓒ Alessandra Meniconzi / Altitude

p.10
프랑스, 샤랑트마리팀 주 발르레 숲의 아침 안개.
ⓒ Pierre Mairé / Altitude

p.13
러시아, 캄차카반도의 우존 칼데라를 이루고 있는 화산 분화구.
ⓒ Philippe Bourseiller / Altitude

p.15
일본, 도쿄만을 가로지르는 요코하마의 입체교차로.
ⓒ Yann Arthus-Bertrand / Altitude

p.17
캐나다, 동부 래브라도 반도의 빙산.
ⓒ Jim Wark / Altitude

p.18
세네갈, 생루이 해안으로 돌아오는 어선들.
ⓒ Yann Arthus-Bertrand / Altitude

p.23
프랑스, 보클뤼즈주에 있는 만발한 서양벚나무.
ⓒ Français Jourdan / Altitude

p.24
미국, 콜로라도 평원에서 곡식을 수확하는 모습.
ⓒ Jim Wark / Altitude

p.27
케냐, 마사이마라 국립보호구에 있는 울타리.
ⓒ Yann Arthus-Bertrand / Altitude

p.28
이집트, 나일강을 따라 자리 잡은 마을.
ⓒ Yann Arthus-Bertrand / Altitude

p.31
아르헨티나, 아르헨티나와 브라질을 가르는 이구아수폭포.
ⓒ Gilles Rivet / Altitude

p.32
거대한 농경지 한가운데에 띠처럼 펼쳐진 강과 주변 초목.
ⓒ Claudius Thiriet / Altitude

p.35
프랑스, 오트가론 지방에 있는 생고당의 제지 공장.
ⓒ François Jourdan / Altitude

p.36-37
스위스, 그리송주 발스 근처의 계곡들.
ⓒ Claude Stahel / Altitude

p.38
말레이시아, 쿠알라룸푸르에 있는 페트로나스 트윈 타워.
ⓒ Renaud Van der Meeren / Altitude

p.40
도미니크공화국, 도시 외곽을 에워싼 판자촌.
ⓒ Yann Arthus-Bertrand / Altitude

p.43
영국, 폭우로 물에 잠겨버린 요크셔 지방의 들판.
ⓒ Jason Hawkes / Altitude

p.44
도미니크공화국, 쓰레기 집하장.
ⓒ Yann Arthus-Bertrand / Altitude

p.46
케냐, 마사이마라 국립보호구를 굽이쳐 흐르는 마라강.
ⓒ Yann Arthus-Bertrand / Altitude

p.49
인도, 자이푸르 근처에서 염색한 모슬린 천을 말리는 모습.
ⓒ Yann Arthus-Bertrand / Altitude

p.52
케냐, 마사이마라 국립보호구에 있는 노천 시장.
ⓒ Yann Arthus-Bertrand / Altitude

p.55
프랑스령 레위니옹 섬, 생드니에 있는 쇼드롱 시장.
ⓒ Stéphane Ducandas / Altitude

p.57
케냐, 인도양을 향해하고 있는 범선들.
ⓒ Yann Arthus-Bertrand / Altitude

p.58
이집트, 카이로 남부에 있는 종려나무 숲에서 대추야자 열매를 말리는 모습.
ⓒ Yann Arthus-Bertrand / Altitude

p.61
미국, 애리조나주 투손 인근에 있는 데이비스몬산 공군 기지에 늘어선 폐기 직전의 군용기들.
ⓒ Yann Arthus-Bertrand / Altitude

p.62-63
미국, 대서양 연안인 메인주에 있는 숲의 가을 풍경.
ⓒ Jim Wark / Altitude

p.64
스웨덴, 2005년 태풍이 휩쓸고 지나간 어느 숲속 모습.
ⓒ Joakim Berglund / Altitude

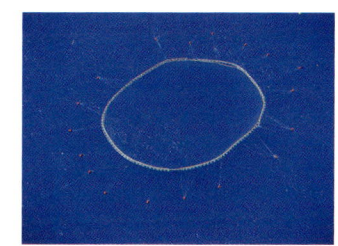
p.67
에스파냐, 지중해에 설치된 어망.
ⓒ Philippe Bourseiller / Altitude

p.68
프랑스, 1999년 12월 서부 피니스테르 연안에서 일어난 기름 유출 사고로 검게 변한 백사장.
ⓒ Philip Plisson / Altitude

p.70
말레이시아, 정글에서 벌목되어 강물에 떠내려오는 나무들.
ⓒ Guido Rassi / Altitude

p.73
팔라우, 록 아일랜드에 있는 세븐티아일랜드국립공원.
ⓒ Helen Hiscocks / Altitude

p.76
에스파냐, 대서양 연안인 폰테베드라 지역에 설치된 풍력 발전기.
ⓒ Philippe Bourseiller / Altitude

p.79
독일, 끝없이 펼쳐진 유채꽃밭.
ⓒ Hans Blassey / Altitude

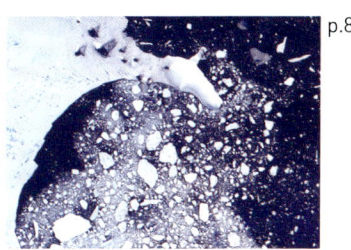
p.80
남극, 동쪽에 위치한 웨델해(위성사진).
ⓒ PlanetObserver / Altitude

p.83
오스트레일리아, 운석 충돌로 반경 30킬로미터까지 형성된 슈메이커 분화구 내 호수들(위성사진).
ⓒ PlanetObserver / Altitude

p.84
미국, 알래스카 낸시 호수의 작은 섬.
ⓒ Philippe Bourseiller / Altitude

p.87
바누아투공화국(태평양), 안배 섬과 활동을 다시 시작한 마나로 화산 꼭대기에 있는 분화구 호수.
ⓒ Philippe Metois / Altitude

뒤표지
케냐, 바닥을 드러낸 마가디 호수.
ⓒ Yann Arthus-Bertrand / Altitude